Olhe para dentro

CIBELE BRITO

Olhe para dentro

Ágape

São Paulo, 2017

COORDENAÇÃO EDITORIAL
Rebeca Lacerda

PREPARAÇÃO
Fernanda Guerriero Antunes

REVISÃO
Patrícia Murari

CAPA
Marina Ávila

DIAGRAMAÇÃO
Rebeca Lacerda

COORDENADOR EDITORIAL
Vitor Donofrio

AQUISIÇÕES
Cleber Vasconcelos

EDITORIAL
João Paulo Putini
Nair Ferraz
Rebeca Lacerda

Texto de acordo com as normas do Novo Acordo Ortográfico da Língua Portuguesa (1990), em vigor desde 1º de janeiro de 2009.

Todas as referências bíblicas foram retiradas da Bíblia Sagrada Almeida Revista e Corrigida.

Dados Internacionais de Catalogação na Publicação (CIP)

Brito, Cibele
Olhe para dentro / Cibele Brito. -- Barueri, SP : Ágape, 2017.

1. Autoestima 2. Beleza física (Estética) - Aspectos religiosos
3. Espiritualidade I. Título

17-0745 CDD 158.1

Índice para catálogo sistemático:
1. Autoestima 158.1

EDITORA ÁGAPE LTDA.
Alameda Araguaia, 2190 – Bloco A – 11º andar – Conjunto 1112
CEP 06455-000 – Alphaville Industrial, Barueri – SP – Brasil
Tel.: (11) 3699-7107 | Fax: (11) 3699-7323
www.editoraagape.com.br | atendimento@agape.com.br

Em primeiro lugar, agradeço a Deus por ter me dirigido e sustentado em todo este projeto. Agradeço, também, ao meu esposo Elcio por todo incentivo e apoio, e ao meu filho Saulo Henrique por toda disposição e auxílio.

INTRODUÇÃO

Beleza: termo utilizado para descrever algo que é agradável aos olhos, ou o conjunto de características que são aprazíveis à vista, isto é, que dão prazer, cativam aqueles que olham.* Este livro, porém, pode mudar esse conceito ao fim de sua leitura.

A beleza tão cultivada, tão aclamada hoje em dia está além do que os olhos podem observar. A beleza verdadeira é algo que está dentro de nós. Ela é cultivada sim, mas internamente, como o desabrochar de uma flor. Aquilo que está lindo por dentro vai trazer forma ao que está por fora.

Como profissional da área da Beleza há 30 anos, tenho muita informação e conteúdo a acrescentar nas próximas páginas. Meu objetivo é que você comece a valorizar tudo aquilo que recebeu ao nascer. E sabe por quê? Quem a criou e a projetou fez questão de fazê-la única, um ser especial, dotado de características exclusivas, que só você tem.

---

* Definição modificada da que consta do dicionário.

Quero que você valorize o seu conjunto de características, cultive tudo o que lhe foi dado com tanto amor, cuide de si e seja feliz com tudo isso.

A beleza está aí, bem ao seu alcance. Toque nela com um coração cheio do que é bom, positivo, puro e agradecido ao que a criou e a formou.

Quero muito ajudá-la a ser uma pessoa especial, sempre linda e muito feliz.

Beleza verdadeira,
Onde encontrar?
Fora é passageira,
Dentro deve estar.

SUMÁRIO

CAPÍTULO 1
DIA D

Todas nós temos um dia como este – acordamos, olhamos no espelho e pensamos assim: *Hoje eu preciso mudar*. Nesse caso, a primeira ideia que nos passa pela mente, ou a primeira coisa de que nos lembramos como mulheres, é mudar o corte e a cor dos cabelos, ou mesmo algo em nosso rosto. Precisamos mexer com nossa autoestima para nos sentir bem. E o primeiro rosto de que nos recordamos é o do nosso cabeleireiro, claro. A toda velocidade, então, agendamos nosso horário e vamos pra lá.

Chegamos ao salão, sentamos naquela cadeira e dizemos a seguinte frase: "Quero mudar!". O cabeleireiro olha para você, bate um papo para entender o que está acontecendo e começa a transformação.

Pronto! Que sensação gostosa a de cortar, mesmo que sejam apenas as pontas do cabelo, lavá-lo no salão, mudar algo por menor que seja. Só que isso vai nos ajudar por pouco tempo, pois, se o problema estiver em nosso interior, logo precisaremos de outra novidade para nos satisfazer. De repente, ir ao shopping, passear, gastar, comprar sapatos, roupas, tudo aquilo que, no final, também vai nos realizar por um curto período. Então, nós nos encontramos de novo com um vazio a ser preenchido. A insatisfação toma conta e novamente precisamos buscar algo para nos sentirmos belas e atraentes.

Quero declarar que o Dia D se torna um círculo vicioso!

Voltemos ao X da questão. O que precisamos, minha amiga, é cuidar primeiro do que está dentro. Trate de seus sentimentos, suas necessidades, seus anseios, suas amarguras, suas frustrações, pois eles acumulam, tal qual um cômodo desarrumado, uma bagunça que precisa ser limpa e organizada. Priorize essa atitude para que haja uma mudança. Quando tudo for resolvido, a mudança exterior estará completa. Logo, comprar, ir ao cabeleireiro, passear, será maravilhoso e duradouro, porque tudo isso é muito bom e faz parte da vida. E devemos investir nisso, porque realmente traz um bem-estar tremendo, mas que não deve andar sozinho. Temos de investir também no cuidado do interior, porque, quando somos tratadas por dentro, o tratamento por fora é preenchido e tão completo que nos tornamos contagiantes.

CAPÍTULO 2
UMA AUTOESTIMA FORTE

Para sua autoestima ser forte e elevada, é preciso ter uma autoimagem forte. Ambas, portanto, andam juntas. Você já parou para pensar nisso?

A autoimagem é a visão que temos de nós mesmas, ou seja, ela é o seu retrato mental. A autoestima, por sua vez, é a avaliação que você faz de si mesma, podendo ser, por conseguinte, positiva ou negativa.

Há um versículo na Bíblia que diz assim: "Porque, como imaginou na sua alma, assim é [...]" (Pv 23:7). Então, como é que você tem se imaginado? Quero incentivá-la a mudar o seu retrato mental.

Eu não sei se você sofreu rejeição ainda no ventre de sua mãe, ou se desde pequena ouvia palavras ou frases ofensivas que mudaram a forma de se enxergar – tais como "feia", "burra", "você não vai dar em nada", "gorda", "magrela", "quatro-olhos". Se isso aconteceu, você deve ter um retrato bem complicado de si mesma e provavelmente se imagina de um jeito ruim. Talvez até se arme, sempre pronta a responder à altura de quem comentar qualquer coisa relacionada ao assunto.

Qual retrato você fez de você?

A maneira como você se vê é aquela como irão enxergá-la também. Creio que, ao ler este capítulo, algo em sua autoimagem pode mudar. A minha oração é para que você alcance uma autoimagem melhorada e saudável, aproveitando o melhor de Deus em sua vida.

Passos para uma autoimagem forte

1) Medite no que Deus diz sobre você – Na Bíblia, há muitos versículos que podem renová-la. Por ser a Palavra de Deus, é algo que atingirá seu interior, será profundo e se fará real para você.

2) Mude sua forma de pensar – Comece a pensar positivo. Pensamentos ruins vêm à nossa mente a todo momento, então está nas suas mãos monitorá-los. Você é inteligente. Cristo, que é Aquele que a remiu e a colocou numa posição única! Só esse fato já deveria ser o suficiente para mudar seus pensamentos.

Você sabe o que significa remir? Segundo o nosso dicionário Aurélio, remir é sinônimo de resgatar, livrar, libertar. Que coisa maravilhosa! Jesus nos livrou, nos resgatou, para sermos únicas neste mundo.

3) Lute contra o pensamento negativo – Quando falamos em luta, significa que uma batalha deve ser travada. Se os pensamentos maus tomam conta da nossa mente, precisamos bombardeá-los imediatamente com os pensamentos positivos. É o bem lutando contra o mal. Eu garanto que, se buscar a arma certa, o bem vencerá.

Uma boa arma que você deve fixar na sua mente nessas horas é o seguinte versículo:

> "Quanto ao mais, irmãos, tudo o que é verdadeiro, tudo o que é honesto, tudo o que é justo, tudo o que é puro, tudo o que é amável, tudo o que é de boa fama, se há alguma virtude, e se há algum louvor, nisso pensai" (Fp 4:8)

Ao ler esta palavra, você já vai sentir o fluir de momentos alegres nos seus pensamentos, dando um basta nos pensamentos maus.

O que há de louvor e amável ao dizer, por exemplo: "Sou magra demais", "Minha vida está uma porcaria, nunca vou prestar para nada", "Sou feia e gorda"? NADA! Que agressão para um ser criado à imagem e semelhança de Deus... Não vai prestar para nada. Então, seguindo a receita do nosso versículo, puro é dizer: "Sou linda". Respeitável é falar: "Estou com uns quilinhos a mais e vou procurar uma maneira de eliminá-los". Amável é exclamar: "Minha vida vai melhorar. Isso que estou vivendo é só uma fase". Justo é celebrar: "Nasci e estou aqui. Tenho algo importante a fazer, então presto sim para muitas coisas". Tudo isso fará de você uma grande vencedora!

4) Permita Deus agir em você – Com o segredo anteriormente revelado, e seguindo outra receita de vitória, leia a seguinte passagem: "Porque andamos por fé e não por vista" (2Co 5:7). Não se machuque mais, pare de se agredir. Você é um ser completo, dotado de inteligência. Em alguma área você se destaca. Talvez não seja boa em Matemática, mas fala e articula muito bem as palavras. Pode ser que tenha dons como cozinhar, organizar, pentear, lavar, administrar, e muitos outros não citados aqui. O importante é perceber o que você faz de melhor, acreditar nisso e crescer valorizando-se.

Vou contar algo que ouvi e guardei como um tesouro. Certo piloto famoso e muito bom no que faz não tinha um boletim tão excelente na escola, mas sabia colocar o carro no lugar e no momento em que precisasse, perfeitamente. Então, siga esse exemplo, caminhe pela fé e experimente uma mudança radical.

5) Seja agradecido a Deus – Pense em todas as coisas que você tem para agradecer. Estar vivo, poder levantar todas as manhãs e sentir o ar entrando em seus pulmões; ver, ouvir, falar. A vida é o maior presente de Deus, e deve ser vivida a cada dia como se este fosse o último. Então, pare de perder tempo com ressentimentos por ser assim como é, ou do jeito que está. Mude a tática. Comece a agradecer por aquilo que não a agrada. Por exemplo, se o seu cabelo é áspero, comece a dizer que ele é macio; se você se acha muito baixa, passe a declarar que pode se encaixar em qualquer lugar.

Tudo que lhe falaram e que a machucou age na corrente sanguínea como o veneno de uma cobra, e vai se espalhando para o corpo todo, destruindo seu ser. Use o antídoto de Deus, declarando o contrário do que lhe foi dito, e seguindo a receita dos versículos mencionados anteriormente. Faça o seguinte exercício no exato momento em que estiver lendo esta página: em uma folha à parte, faça uma lista daquilo que não aceita em você, para, em seguida, dizer o contrário do que registrou; depois, recite: "Em tudo dai graças, porque esta é a vontade de Deus em Cristo Jesus para convosco" (1Ts 5:18).

Se fez a primeira vez e não funcionou, tente novamente, e outra vez, até se sentir movida por uma força maior e perceber que algo está mudando dentro de você. Ao persistir, logo estará se aceitando, lembrando que um retrato mental mudado transforma sua autoimagem, trazendo assim a autoaceitação.

Não vou detalhar a autoaceitação neste livro, mas devo ressaltar que para se aceitar você deve seguir os cinco passos expostos, confiando na ajuda correta.

Como ser humano, carregamos em nossa constituição psicológica opiniões que se formaram por toda a nossa história, as quais, quer sejam positivas ou negativas, fazem-nos agir de tal forma a evitar ferir nossa autoestima. Logo na infância, adquirimos preconceitos, julgamentos errôneos sentimentos ruins, rejeições, ingratidões, desprezos, por causa das reações de quem nos cerca

– podem ser nossos pais, avós, professores, amigos –, num ciclo que dura uma vida inteira. Muitas vezes, essas opiniões nos fazem seguir caminhos que não aceitamos, para demonstrar nosso valor.

Na verdade, procuramos auxílio errado para uma autoaceitação verdadeira. Buscamos ajuda em nosso coração, o qual é perverso, e com certeza nos impedirá de ver a verdade. Lembre-se, ele tem a capacidade de nos prender por anos em caminhos errados. Então, não procure ajuda no próprio coração, pois ele engana e provavelmente está cheio do que faz mal a você. Procure ajuda do alto, de quem sabe tudo sobre o que você é por dentro. Conhece teus pensamentos mais secretos. Está escrito:

> "Enganoso é o coração, mais do que todas as coisas, e perverso; quem o conhecerá? Eu, o SENHOR, esquadrinho o coração, eu provo os pensamentos; e isso para dar a cada um segundo os seus caminhos e segundo o fruto das suas ações" (Jr 17:9,10)

O Criador pode lhe dar auxílio eterno para uma vida diferente e feliz. Ele pode examinar seu coração e ajudá-la a mudar seu retrato mental, evidenciando pensamentos novos para uma autoimagem forte, a fim de começar a desfrutar uma autoaceitação correta, trazendo uma recompensa em toda a sua caminhada.

CAPÍTULO 3
ESPELHO, ESPELHO MEU

Como profissional da área da Beleza, encaro todos os dias o espelho, assim como também o enfrento como mulher, logo nas primeiras horas do dia, ao me levantar.

O espelho, aquele que não é nada generoso com a gente, vai logo apontando todos os defeitos do seu corpo, do seu rosto, pois é essa a sua função: refletir sua imagem. E não é desenho. Ele vai apontar por fora aquilo que você está vendo por dentro.

Por exemplo, em vez de ficarmos despreocupadas com uma espinha em nosso rosto – porque, do jeito que ela veio, ela vai embora –, agimos erroneamente, cutucando-a até aumentarmos seu tamanho. Depois, vamos repetidas vezes em frente ao espelho para ver como ela está. Eu garanto que, entre tantas cutucadas e olhadas, ela já parecerá tomar conta do rosto inteiro. Falei a verdade, correto? Aposto que até sorriu ao se lembrar de quantas vezes isso já aconteceu com você.

O espelho, portanto, deve ser nosso aliado, e não nosso inimigo; ele refletirá aquilo que você comandar. Cada vez que encará-lo, logo pela manhã, ele vai transmitir o que você é; então, comece a enviar para o cérebro retratos positivos a seu respeito.

Já atendi em meu salão a inúmeros tipos de mulher. Mulheres de cabelos lisos, de cabelos crespos; ruivas, loiras, morenas e negras; de olhos claros, de olhos escuros; gordas, magras, altas, baixas; e muitas outras variações. Quando estão de frente com o espelho do salão, trato cada uma delas e analiso como se sentem quando defrontam com sua imagem.

Na maioria dos casos, a primeira coisa que ouço é um destaque imenso para aquele ponto que já está negativo no cérebro delas. Por exemplo: "Quanta olheira!", "Quantas rugas!", "Quantas manchas!". Todas cantam uma sinfonia para o negativismo. E eu reparo que na maioria dos casos não é tudo isso... Uma mulher que passa dos 50 anos vai ter marcas mesmo, as quais declaram a idade. Então, deve-se aceitar que os 60 vêm não como algo ruim, mas trazendo à memória, a glória dos tempos vividos.

Voltando ao velho ponto, o nosso retrato mental, percebo muitas vezes moças lindíssimas com tantos motivos bons e verdadeiros para se inspirar, mas que paralisam numa autoimagem negativa, algo tão inserido internamente, que, ao se olharem no espelho, em vez de observarem a beleza dos olhos, fixam-se no nariz, que acham grande.

No entanto, fico grata quando senhoras, já com os seus cabelos brancos, de pele bem enrugada e não tendo mais muita força, deparam-se com o espelho ao término de nosso trabalho, veem o novo look e se amam, se acham lindas e agradecem bem ali, na minha frente, dizendo: “Puxa, ainda estou bem!”.

Há um versículo na Bíblia que diz:

> “Mas todos nós, com cara descoberta, refletindo, como um espelho, a glória do Senhor, somos transformados de glória em glória, na mesma imagem, como pelo Espírito do Senhor.” (2Co 3:18)

O que isso quer dizer? Que quanto mais lutarmos para parecer com Aquele que nos criou, mais veremos a transformação em nossa vida.

O espelho vai transmitir a imagem que você quiser.

Quer uma imagem nítida e com brilho? Então remova a poeira dos seus olhos e dos olhos do seu coração, aquela que dificulta sua visão.

Eu conheço bem um inimigo astuto, que está sempre soprando em nós as poeiras do lugar dele. Uma areia fina, um pó áspero, que causa uma alergia gigante em nosso cérebro, como uma conjuntivite nos olhos, trazendo uma coceira na forma de sentenças negativas e imagens distorcidas, as quais podem ser, entre tantas outras: “Envelheci demais”, “Quanta barriga”, “Quanta celulite”.

Retire da sua vida essa poeira e dê um remédio certeiro para as alergias internas que são sopradas em seu dia a dia. O inimigo vai soprá-las quando percebe que coisas ruins tomaram vida dentro de você.

Sabe aquele parente que nunca mais a viu e que, quando a encontra, sopra logo uma areia infernal por meio da palavra: “Nossa, você não casou ainda!? Por que engordou tanto?”?

Que palavras de morte são essas? Nessas horas, quando sentir esse sopro, limpe imediatamente essa poeira, dando um sopro de volta, lembrando que podemos ser transformados e ter uma imagem muito diferente.

Não deixe a conjuntivite infernal, refletir através do espelho imagens errôneas sobre você. Use o colírio do céu e combata isso. Já falamos sobre as receitas nos capítulos anteriores. Limpe tudo isso, peça a Deus para lhe ajudar e redirecione o seu olhar para o espelho com uma nova perspectiva, de cara descoberta, entregando-se a Deus, para sua imagem refletir a glória do Criador. Quanto mais Cristo brilhar em você, mais o espelho vai brilhar sua imagem. E imagine essa imagem com toda nitidez e brilho, como quando programamos nossa câmera fotográfica: ajustamos a fotografia de acordo com o que queremos.

Você vai começar a desfrutar de uma alegria tão intensa quando perceber que é linda! Cada vez que olhar, vai querer ver mais, observando um brilho que outrora não via, e uma beleza cheia de graça, que, na verdade, é o brilho de Cristo em você.

Ao seu redor, vão olhá-la e achá-la linda. E quanto mais você se parecer com Ele, mais linda se tornará aos seus olhos e aos olhos dos que a cercam.

Vai ser demais!

CAPÍTULO 4
O EFEITO "A FERA E A BELA"

Como já dito, lido com mulheres todos os dias, e o tempo inteiro me deparo com efeito "a fera e a bela": por dentro, a pessoa é de um jeito, mas por fora é de outro completamente diferente.

As mulheres estão sempre querendo mudar, e não apenas os cabelos, como já comentado. Recorrem a plástica, lipoaspiração, botox, reduções aqui e ali, como se fossem feras precisando se transformar em belas. É a famosa ditadura da beleza, já descrita por grandes personalidades.

Eu não sou contra cirurgias plásticas. Se você está bem consigo e tem condições de pagar para consertar algo que a fará se sentir melhor, perfeito. Vá em frente. No entanto, quase nunca é assim. Vejo mulheres lindas, à maneira delas, mas que vivem como se fossem verdadeiras feras que precisam mudar a todo custo. Por causa de um complexo, palavras que feriram ou um retrato mental errôneo, ou até mesmo pelo padrão exigido pela nossa sociedade de hoje, a tal ditadura citada, elas sofrem e se acharão feias sempre.

Vamos avaliar comigo. Nunca estamos contentes com nada: uma quer pôr silicone, a outra quer reduzir os seios; uma quer engordar, a outra quer emagrecer; uma quer cabelo liso, a outra, crespo; a que é loira quer ser morena, a morena quer ser ruiva. E o ciclo continua.

Vale lembrar que não existe um padrão de beleza, e a beleza nem sempre está nas mãos de um cirurgião, ou de um cabeleireiro. Mudamos o seu visual, mas não podemos mudar seu coração. Os cirurgiões podem tirar todas as suas rugas, mas de que vai adiantar se seu coração está cego, ou distorcendo, embaçando, deformando tudo?

Não é como no conto de fadas, em que a Fera é terrível e amedrontadora e, por causa de um feitiço, tem um aspecto feio, mas um coração perfeito. Na vida real, o que vemos é bem diferente: mulheres lindas, com corpos na medida exigida, verdadeiras belas, mas que infelizmente, quando abrem a boca, são feras falando com corações amargos, insatisfeitas, exalando veneno e até pisando nos seus semelhantes. Ressalto, porém, que isso não é uma regra.

O propósito, então, é a mudança. Cuide da fera primeiro, para depois se transformar na bela. Olhe para dentro, e perceba o que está precisando ser belo. Então, mova-se para o que está por fora, mexendo no que for lhe trazer harmonia. Deus tem esse propósito para você. Ame-se do jeito que é, porque quem se ama amará a todos que estão à sua volta. Só podemos dar aquilo que temos, e, se não amamos a nós mesmos, como poderemos amar ao próximo?

No fim do conto de fadas, a Fera transforma-se em um belo rapaz, porque a Bela consegue enxergar a beleza dentro dele. No entanto, sabemos que na vida real não funciona assim. A mudança deve começar em você. Se o seu coração está feio, cego, você vai passar por cirurgias plásticas, transformações no cabeleireiro, mas se olhará no espelho e continuará com a mesma visão que tinha anteriormente.

Encontramos pessoas que estão tão cheias de maldade, contaminando e machucando a si próprias e a todos que vivem ao seu redor, que chegamos à conclusão de que o problema está dentro delas.

Deixemos o conto de fadas de lado

Nosso Deus é especialista em mudanças e, por Ele nos ter criado, sabe direitinho como nos ajudar. Para tanto, nos deixou um bom conselho: a Bíblia, nosso manual de vida.

Está lá em Provérbios 15:13: "O coração alegre aformoseia o rosto, mas, pela dor do coração, o espírito se abate". Aqui temos duas orientações valiosas: 1) quando há dor no coração, ele se abate; e 2) quando ele está alegre, decora o seu rosto. Um coração abatido é um coração arrasado, vencido e derrotado, e existem inúmeros acontecimentos que podem deixá-lo assim, as quais vêm se arrastando desde a infância ou acabaram de acontecer, transformando-nos nestas feras.

Não importa o que aconteceu ou está acontecendo, Deus quer ajudá-la. Só depende de você. Da mesma maneira que você se esforça para mudar o visual por fora, esforce-se para mudar dentro também. Com tantos acontecimentos, quer sejam ruins ou bons, a alegria pode decorar seu rosto, como um ornamento. Espero que esteja me entendendo. Independentemente de qualquer situação, a alegria é um potente remédio para um coração abatido: cura você de dentro para fora, e tem efeito imediato.

Buscar conserto para o que está por fora e não tratar o abatimento de dentro não surtirá um bom resultado. Como já foi dito, este será passageiro, então recomendo que busque ajuda Naquele que pode curá-la de verdade. Ele, que é o Dono da alegria e tem o poder de derramar uma porção tão grande sobre você e seus problemas, vai transformar seu pranto em festa.

Sei que há um empenho muito grande quando queremos cortar o cabelo, por exemplo, ao acordarmos tão determinadas que nada tira essa ideia da nossa cabeça. Agimos assim para qualquer outra coisa que tencionamos adquirir, deixando sempre o que está dentro por último. Daí há o efeito fera. Lutamos como tal, passamos por cima do que for e de quem quer que seja, até do coração abatido, para alcançar o objetivo desejado. Mude isso!

Gostaria de pensar em inúmeras mulheres sendo transformadas por dentro, cujas feras veríamos saindo dos corpos se pudéssemos olhar, como nos filmes, dando lugar a seres maravilhosos, dotados de características próprias. Isso pode ser tão real, que basta você pedir ajuda, exercitar o que está escrito e viver essa grande transformação para ser uma verdadeira Bela.

CAPÍTULO 5
O CHAMADO

Desde pequena, sempre me encantei com a área da Beleza. Quanto mais ia crescendo, mais me interessava, só que a cada ano que passava tudo se tornava diferente.

Quando muito jovens, vemos a beleza de um jeito; já adolescentes, pensamos nela de outra maneira. Ao chegar à melhor idade, então, entendemos que tudo é belo ao seu tempo.

A adolescente precisa desfrutar da beleza que traz mudanças, adaptando-se a elas por tudo em seu corpo ainda estar em definição. Seus hormônios estão mudando e isso provoca uma transformação geral em sua aparência. No entanto, não é por isso que ela deve se achar feia, pensando que os pés estão grandes demais ou que o cabelo mudou. Essa ebulição vai parar e estabilizar.

A jovem carece de usufruir de sua força. Tudo em seu corpo se ajusta, em pleno vigor físico. Seu metabolismo queima calorias com mais facilidades e ela tem força para frequentar academias, realizar corridas e todo tipo de trabalho.

A mulher que está entre os 35 e 45 anos ainda tem força, porém tudo na mente já está mais definido. As decisões ficam bem mais fáceis de serem tomadas, ainda mais se ela tiver aprendido a trabalhar sua autoestima. Dos 50 aos 60 anos, você deve se considerar uma imperatriz que domina o seu território com força e determinação.

Quando chega à terceira idade, a mulher não deixa de ser linda. Conheço senhoras que se valorizam e se acham maravilhosas nessa fase da vida. Enquanto escrevia este livro, perdi uma cliente, linda nessa melhor idade, porque os dias dela chegaram ao fim. Eu, porém, sou testemunha de que ela viveu cada um deles batalhando e se cuidando sempre, porque tinha uma autoestima elevada. Sabemos que aos 70, 80 anos o corpo não tem a mesma força, os cabelos já estão branquinhos, mas toda a sua experiência e o seu legado a tornam bela também, confirmando que tudo valeu a pena.

Eu não sei com quantos anos você está neste momento, mas, seja qual for sua experiência, boa ou ruim, ela deve promovê-la para algo mais excelente. Falo por vivência própria, cuidando de mulheres de todas as idades, com diferentes experiências de vida e personalidade.

Voltando ao chamado, durante a minha adolescência eu cuidei das pessoas, então, desde quando eu era jovem o Senhor já vinha me mostrando o meu chamado. No entanto, resolvi cursar Comércio Exterior. Cheguei até a trabalhar na área, mas meu negócio não eram as relações exteriores, exportação de produtos, importação ou o comércio em outros países. Minha vocação mesmo era transformar pessoas que chegavam, e chegam, até mim em busca de uma mudança. Isso é muito bom. Que satisfação nos dá quando aquela cliente bem resolvida interiormente chega ao salão com o desejo de se arrumar e estar bem. Toda sugestão para ela é bem quista. Quando o trabalho acaba, o sorriso de satisfação no rosto dela já compensa nosso dia. Em contrapartida, como é frustrante trabalhar com alguém que não está bem. Tudo o que fizer não vai agradar, porque o problema não é o seu trabalho, mas o interior da cliente.

Depois de atuar na área, passado um tempo, ainda jovem, comecei a me relacionar com o Dono da beleza, o Dono de todo o nosso exterior e interior. Então, o meu chamado ficou mais claro ainda. Cada vez que uma cliente se senta em minha cadeira, eu procuro pedir a orientação para o que está acontecendo, a fim de poder ajudar, da melhor maneira possível, não só o exterior, mas também seu interior. Foi por isso que comecei escrever este livro, pois percebo a importância de ser linda por dentro e por fora. O trabalho deve andar junto. Funciona assim: estou tão bem interiormente, que quero manter e irradiar tudo isso por fora; então, estou sempre me cuidando.

Já tive experiências o suficiente, tanto natural como espiritualmente, para te falar que tudo começa por dentro. Cito agora alguns exemplos que testemunhei, porque toda experiência, como já disse, deve tornar algo mais excelente. Olhamos para as experiências e tiramos delas lições para nossa vida.

Conheci moças maravilhosas, mas que quanto mais mexiam em algo mais insatisfeitas ficavam. Num momento os seios estavam pequenos, então precisavam aumentá-los. Depois, era a vez da barriga, que as incomodava por acharem ser grande demais.

Nos dias de hoje, há a opção de colocar silicone no seio e fazer lipoaspiração na barriga no mesmo dia, mas, muitas vezes, as mulheres se submetem a todos esses procedimentos e ficam insatisfeitas. Eu imaginava como elas olhavam para as barrigudinhas de verdade, inclusive eu, e isso me levou a dar risada muitas vezes.

Como disse, não sou contra nenhum desses procedimentos; acho que tudo é questão de tempo e oportunidade. Deu para fazer? Vai ajudar? Então, maravilha! Se é resolvida por dentro, seu cirurgião ou seu cabeleireiro vai ter em você uma superpropaganda. O seu interior vai realçar ainda mais o trabalho que eles fizeram por fora.

Sua autoestima vai contagiar tanto, que muitos vão procurar esses profissionais pelo trabalho executado. Agora, se alguém não gostou do resultado, arrastará consigo pelo menos dez, no popular boca a boca.

Outro bom exemplo são as grávidas e as em estado pós-cirúrgicos, situações que mexem muito com a autoestima da mulherada. Normalmente, depois de ter o bebê, a mãe se dedica tanto ao momento, que precisa de mudança. Se não dá para fazer uma cirurgia plástica, ela usa cinta, enche-se de cremes e procura um cabeleireiro. Quando as que se submetem a uma lipoaspiração não estão decididas por dentro, percebemos que sua recuperação é dolorosa e a satisfação vai durar pouco. Já imaginou passar por toda uma complicação de cirurgia, dor, remédios, e então, depois de tudo cicatrizado, olhar-se e não estar tão feliz assim, não ter prazer no que foi feito?

Há outras mulheres que querem ser eternas mocinhas. Não aceitam a idade que têm, então usam roupas de adolescentes, modelos de cabelos de adolescentes, e não encaram com alegria o que estão vivendo. E, a essa altura do campeonato, algumas coisas não caem bem, não combinam. Toda essa força de juventude tem que estar dentro; com coerência, elas vão se vestir muito bem, ser elegantes, sem ser ridículas. Existem também as que são jovens, têm tudo para desfrutar do melhor, mas se vestem como senhoras, têm atitudes de velhas e estão sempre amargas.

Há aquelas para quem o marido não liga, então estão todos os dias no salão fazendo algo para ser notadas. Eu conheci uma que raspou as sobrancelhas e você acredita que o marido não percebeu?

Há a que não tem vaidade nenhuma; faz por embalo, ou por costume. Tem a que é vaidosa demais, então está sempre inventando uma mudança. Tem aquela que está passando por um momento tão difícil que precisa descontar em alguém, então marca o cabeleireiro... Nessas horas dá vontade de fugir, porque lá vem boletim de ocorrência, o famoso B.O. dos salões. Ela desconta toda a frustração interior nos profissionais, e tudo o que fazemos não está bom.

Existe também aquela que é a mistura de todas, e a que sempre está alegre, então o que você fizer está bom. Sabe por quê? Porque seu eu interior está bem. Por último, há aquela que confia em você para o que der e vier.

Devemos nos lembrar, contudo, das mudanças provocadas pelos hormônios. Os da puberdade alteram o comportamento; os da menopausa modificam tudo na mulher. Já ouvi algumas dizerem: "O que estava no lugar agora estragou".

O que faço, então, com tantas variações? Eu também peço ajuda ao Criador de todas elas. Ele, que sabe direitinho quantos fios de cabelo há na cabeça de cada uma, o que elas vivem naquele exato momento e o que se passa no coração delas, pode me direcionar para uma mudança que as agrade. E eu ainda tenho a chance de ministrar uma oração sobre elas, dizendo palavras que podem mover algo em sua vida.

Certa vez, fui responsável pelos preparativos de uma noiva. Essa moça tinha o casamento marcado e tudo se encaminhando para o grande dia. Lá estava ela no salão, fazendo limpeza de pele, e então algo tocou meu coração. Sabemos muito bem quem foi, o Espírito Santo de Deus, que conhece o interior de cada um e sabia do desejo do coração dela: cometer o suicídio. Enquanto eu trabalhava, a mente dela maquinava: *Vou a uma estação de trem e me jogo. Pronto, aí acabou tudo.* Isso caiu feito uma bomba em mim, então pensei: *Como vou resolver essa situação? Preciso conversar com ela.* Fui clamando ajuda a Deus para que me conduzisse da melhor maneira a fim de entrar no assunto. Então, nós fomos conversando e fiz a pergunta direta a ela, porque percebi que aquela situação era espiritual. Eu orei e ela chorou bastante.

A noiva iria voltar para outras sessões dos preparativos para o seu grande dia. Senti que seus pensamentos estavam melhores, ela se casou linda e maravilhosa, destacando que oração tem poder.

Não sei o que passa pela sua cabeça hoje, mas digo que você é uma pessoa muito especial. Não vale a pena querer tirar sua vida. Essa hora pertence somente a Deus, aquele que a criou.

Eu amo lidar com as mulheres. Elas me acrescentam muito. E hoje quero ajudar você, que nunca vi e com quem não tenho contato, que se senta na cadeira de tantos outros abençoados profissionais como eu, e dizer: você é uma pessoa linda.

Se você parar só um pouquinho, tiver força de vontade e fé em Deus, pode ter seu interior curado. E, quando se deparar com o espelho, vai valorizar cada pedacinho seu. A transformação, a mudança que fará, será para maximizar o que já é seu. Então, ame cada fase que está vivendo!

- Adolescente – Aguarde, ainda está em mudança.
- Jovem – Aproveite a força e a beleza natural que há em você.
- Meia-idade – Mantenha a cabeça no lugar, pois este é teu momento. Você está definida e tudo está estável.
- Terceira idade – Você é especial; sua experiência é o seu legado.

Percebo mais e mais o chamado que tive para cuidar de tantas pessoas maravilhosas e, a cada dia que passa, a cada experiência acrescentada, tenho a certeza dessa incumbência.

Não fui convocada para este trabalho por nada. Fui chamada por uma causa muito nobre: trabalhar junto a você para uma vida melhor e feliz.

Sei que muitos profissionais da área da Beleza vão ler este livro e poderão, assim com eu, ter uma nova visão do seu trabalho e ajudar diversas pessoas também.

CAPÍTULO 6
O VISAGISTA CELESTIAL

Creio que você já deve ter ouvido falar em visagismo. Hoje em dia, esse termo é moda, principalmente entre os cabeleireiros.

O que é visagismo?

Visage = rosto, face em francês + sufixo *ismo* = arte de embelezar.

O conceito secular para visagismo, portanto, ensina como ler a imagem da pessoa, e o criador do termo foi o parisiense Fernand Aubry, em 1937. Tratava-se de um conceito, e não de uma técnica.

Para trabalhar com o visagismo, o cabeleireiro precisa estar disposto e aberto a quebrar paradigmas.

Quer um exemplo? Há uma frase usada no mundo secular que diz assim: "Precisa ser bonito para ser belo". Acho que até aqui já entendemos que não deve ser assim, então esse paradigma deve ser quebrado. No universo da beleza, usamos o visagismo para harmonizar e valorizar as expressões externas. Buscamos, por exemplo, combinar o formato do rosto com o modelo de cabelo a ser usado – pois o cabelo é a moldura do rosto –, ou o desenho da sobrancelha com as dimensões dos olhos, a fim de valorizá-los – porque a sobrancelha é a moldura dos olhos. E não só isso! Quando o assunto for uma festa, o vestido, os acessórios, o penteado e o gênero do evento têm de estar em harmonia e, ainda assim, quebrar paradigmas. Uma profissional da moda também pode se utilizar dessas técnicas por meio de roupas que combinam com seu corpo e seu dia a dia.

Tendo em vista que a verdadeira beleza está dentro de nós, bem ao nosso alcance, nós, profissionais, devemos usar o visagismo para despertar aquilo que está guardado dentro de quem nos procura, em cada atendimento no salão. Devemos valorizar cada cliente, despertar aquilo que não foi revelado ainda para ela mesma, quebrando assim o paradigma que ela vive.

Procuro não olhar para a estética da cliente, mesmo porque cada uma vive o seu momento, e, como são clientes fiéis, cada momento deve ser valorizado. Devo equilibrar, corrigir, numa combinação que vai desde a situação que ela está vivendo até a transformação exterior que ela está querendo. Com toda a minha limitação, quebrando a cada dia conceitos e preconceitos, só posso chegar até um ponto. Quem a criou, porém, tem a voz de comando sobre cada parte do seu ser, inclusive sobre o ar que respira, e pode ir muito além e nos ajudar a alcançar grandes objetivos.

Se um homem em sua época trouxe todo um conceito que se tornou a técnica mais usada no meio dos profissionais de beleza hoje, o que dizer do Visagista que existiu sempre; não foi criado. Deus criou todas as coisas; nunca mudou, é o mesmo hoje, foi ontem e será eternamente o mesmo. Observe quanta criatividade em toda a Sua criação! Leões com jubas imensas, zebras listradas, pássaros de variados tons e emitindo diferentes sons, abelhas que fazem favo em hexágonos exatos, formigas trabalhadoras, e seres humanos com toda a sua carga genética.

Esse visagista, que é o Espírito Santo de Deus, consegue penetrar no mais íntimo do seu ser, e tem a voz que consegue atravessar qualquer angústia ou dor. Antes de começar meu trabalho, portanto, eu me oriento com o Senhor, porque Ele pode começar a transformação por dentro, se você permitir, daquilo que quer como resultado por fora.

A técnica do visagismo de Deus vai além dos limites e preconceitos estabelecido pelos homens. Você é projeto Dele, com todas as suas características, desenho único Dele. Não existem cópias em seus arquivos, nem se você tiver um irmão gêmeo. **Deus não comete erros**, guarde bem isso.

Está escrito em Salmos 139:13: "Pois possuíste o meu interior; entreteceste-me no ventre de minha mãe". Foi Ele quem te deu o sustento lá no aconchego do ventre. Entre milhões de espermatozoides, a vitoriosa foi você, que rompeu todas as barreiras da fecundação e nasceu. A isso chamamos de o milagre da vida, o milagre da criação.

> "Mas, ó homem, quem és tu, que a Deus replicas? Porventura, a coisa formada dirá ao que a formou: Por que me fizeste assim? Ou não tem o oleiro poder sobre o barro, para da mesma massa fazer um vaso para honra e outro para desonra?" (Rm 9:20-21)

Devemos entender, portanto, que Deus trabalha da forma que quer, simplesmente porque Ele é o Senhor e Criador de todas as coisas. A cor de seu cabelo, a cor dos seus olhos, cada detalhe em você Ele desejou. Então, não o critique com reclamações. Ao contrário, agradeça-O por tudo o que tem e O consulte quando quiser.

Para consultar o Visagista, você não precisa ir até um salão de cabeleireiros ou a um centro de estética famoso. Como já foi dito, e repito, aprovo as técnicas de visagismo, mas vamos enfatizar esse trabalho por dentro também. E o único que pode fazê-lo é Ele, o Visagista Celestial. Você pode consultá-Lo agora, de onde você está. A consulta é de graça, e Ele vai ter o maior prazer em conversar com você, mostrando como deve valorizar a obra das mãos Dele, fazendo-a sentir o quanto Ele a planejou, o quanto é especial e exclusiva.

Deus vai abraçá-la com tanto carinho, com tanto amor, que você vai desfrutar de um momento inexplicável. As mãos Dele, as mesmas que a formaram, são perfeitas, ao tocarem em seus cabelos, em sua cabeça, e podem ministrar cura. Os olhos Dele são como chamas de fogo: vão olhá-la com tanta profundidade que incendiarão todo o seu ser. O toque Dele em você traz descanso e paz em seu coração. E o melhor: se todos os dias você precisar de uma consulta, Ele estará aí, sempre disposto a transformá-la. A mudança, porém, começa por dentro, e Seu trabalho a deixará tão bem, que toda a bagagem profissional do seu cabeleireiro será usada para mudanças exteriores harmoniosas e duradouras.

Em Suas mãos há uma aquarela, podendo fazer dos dias cinzentos os mais coloridos possíveis, e daqueles dias negros, em que não enxergamos nada, brancos como a neve, com Sua luz imensurável.

Esse Visagista pode encantá-la com os mais belos penteados, derramando sobre sua vida sonhos maravilhosos. Sua massagem é garantida, porque Ele diz, em Sua palavra, que o Seu fardo é leve e o Seu jugo é suave (Mt 11:28-30).

Deus traz descanso aos seus pés com toques especiais, principalmente quando você O deixa guiá-la, impedindo seu pé de tropeçar em pedras. Você pisará em todos os obstáculos e Ele a ajudará a desviar dos grandes, e aguentar os pequenos.

Ele a conhece por dentro e por fora. Antes mesmo de você pensar numa mudança, Ele já entendeu, já interpretou. Não precisa marcar horário, Ele aguarda você chamá-Lo para que Suas mãos de poder comecem a agir.

Então, o que você está esperando para consultá-Lo? É de graça! Não perca tempo. O poder é tanto, que, quando chegar ao profissional que a atende, o Visagista Celestial já terá trabalhado em você, mostrando esse trabalho para o profissional daqui. O poder é tão forte que ambos são moldados. Todas as suas ideias estarão de acordo, e o trabalho será maravilhoso e recompensador para você e seu cabeleireiro.

Para fechar este capítulo, vou passar algumas dicas profissionais que vão enfatizar o visagismo de Deus no seu rosto!

- Rosto oval – Combina com vários estilos, podendo variar o tipo de corte com a sua personalidade. Pode ser repicado longo ou repicado curto. Escolha.
- Rosto redondo – Vai bem com cortes desfiados que alongam a nuca. Franjas laterais dão harmonia ao formato do rosto.
- Rosto triangular – Cabelos que dão volume na altura da testa disfarçam o centro do rosto.
- Rosto triângulo invertido – Franjas curtas, repicados leves, com volume próximo ao queixo, dão uma boa proporção ao conjunto.
- Rosto losango – Franja modesta, jogada na lateral sobre a testa, harmoniza o formato da face.
- Rosto retangular – Franjas irregulares e repicados em diversas camadas disfarçam o formato do retângulo.
- Rosto quadrado – Cortes na altura do pescoço e repicados dão leveza e tornam o rosto regular.

CAPÍTULO 7
A BELEZA DE ESTER

Acredito que você conheça a história de Ester, seja com a leitura da Palavra, por meio de filmes ou outros livros. Não faz muito tempo, uma emissora de televisão lançou uma novela com esse título. No entanto, se porventura não a conhece, vou resumi-la rapidamente para que você entenda o assunto que vou tratar neste capítulo.

Ester era uma moça judia, órfã, criada por seu tio, que se chamava Mardoqueu. Em sua história, relata-se que era uma moça bonita exteriormente, mas, além dessa beleza, havia algo diferente nela. Ester era dotada de uma beleza que compunha seu interior. Ela era uma moça obediente e corajosa, que, por ouvir o conselho de seu tio, tornou-se rainha e livrou todo o seu povo da morte, tomando o lugar de Vasti, uma rainha desobediente e egocêntrica que foi deposta por desobedecer a ordem do Rei. Você pode obter mais detalhes dessa história, se interessar, na Bíblia Sagrada, no livro que leva seu nome: Ester.

O que nos interessa aqui, porém, é mostrar como essa junção de beleza interior e exterior a beneficiou e a fez rainha. Todas as moças passavam por um tratamento antes de se apresentar ao rei, e com Ester não foi diferente:

> "E, chegando já a vez de cada moça, para vir ao rei Assuero, depois que fora feito a cada uma segundo a lei das mulheres, por doze meses (porque assim se cumpriam os dias das suas purificações, seis meses com óleo de mirra e seis meses com especiarias e com as coisas para a purificação das mulheres), desta maneira, pois, entrava a moça ao rei; tudo quanto ela desejava se lhe dava, para ir da casa das mulheres à casa do rei." (Et 2:12,13)

Nos chamados dias da purificação, a moça se tratava com óleos de mirra durante seis meses, e com especiarias e coisas para purificação nos seis meses restantes. Imagine! Todas passavam por tudo isso, e, se não agradasse ao rei, voltariam para casa onde viviam todas as mulheres disponíveis a ele.

Que pressão sentir-se rejeitada, a mais feia, desprezada por não ter agradado ao rei... Com certeza, deveria ser uma disputa grande. Acredito que umas se comparavam às outras, na linguagem de hoje, "colocando fogo" na cabeça daquela que não seria escolhida.

Coloquem-se nessa posição agora, leitoras, e percebam que grande teste. Tratamentos, massagens, unhas, cabelos, corpo, nada escaparia aos olhos do rei. Ele tinha confiança em seus serviçais e acreditava que, quando o tratamento estivesse terminado, a moça estaria pronta para se apresentar a ele.

Ester tinha um objetivo: agradar ao rei Assuero. Antes, porém, ela agradava a si mesma. Era uma moça destemida, estava ali em obediência, e Deus cooperou para o seu bem, mantendo nela um foco.

Qual é o seu objetivo? Seus olhos estão focados em quem ou em quê? Você faz tratamentos, massagens, plásticas com qual propósito?

Mais uma vez, repito que não sou contra cirurgias. Existem profissionais maravilhosos que têm sido usados para grandes mudanças. Eu também, aliás, cuido para deixar seu exterior belo. Em tudo isso, porém, precisa haver um propósito que valha a pena.

Nunca faça algo para os outros. Faça primeiro para si mesma, e os deixem colher o fruto disso com você. Se tiver convicção e fizer para agradar a si mesma em primeiro lugar, a resposta dos outros será positiva. Em contrapartida, se fizer visando agradar primeiramente aos outros, a resposta pode não ser o que você almeja.

Será que o banho de especiarias fez aquele rei amar Ester mais que as outras moças que se apresentaram a ele?

> "E o rei amou a Ester mais do que a todas as mulheres, e ela alcançou perante ele graça e benevolência mais do que todas as virgens; e pôs a coroa real na sua cabeça e a fez rainha em lugar de Vasti." (Et 2:17)

Eu afirmo que essa moça, de origem simples, como qualquer outra, antes teve sua confiança, seus temores depositados lá no Visagista Celestial, que derramou sobre ela especiarias e mirras de um valor eterno. Eu diria que a mirra representa graça, e toda especiaria simboliza a benevolência de um visagista que ama cuidar dos que são Seus.

Então, Ester alcançava graça aos olhos de todos que a viam (Et 2:15b). Assim está escrito em sua história. É disso que precisamos. Podemos fazer mil banhos nos cabelos, mil massagens corporais, faciais, viver nos maquiando, mas, se não houver graça, seremos sem graça. Sempre digo isso: "a graça do Senhor é melhor que ouro". Você hoje pode estar numa posição de rainha, mas, se não tiver graça, que rainha sem graça será!

Como profissional de beleza vivencio rainhas sem graça a todo instante. Quando queremos este tratamento de Deus, ele é derramado em nós, e alcançamos muitos favores em todas as áreas de nossa vida. A graça a torna completa, e todos os que estão ao seu redor serão contaminados, e começarão a elogiá-la sem você esperar.

Certa vez, declarei, numa palavra profética de incentivo, sobre a vida de uma moça linda, mas que se achava o "patinho feio", que ela receberia a beleza de Ester. Ela precisava ouvir aquilo. Foi como uma força esmagando aqueles sentimentos ruins que ela tinha. A palavra de vida foi tão poderosa, que todos começaram a reparar que algo estava mudando nela. Ela começou a dar valor a toda sua herança de traços e ao formato do seu rosto. Naquele momento, seu interior recebeu essa palavra e acreditou. Então, todos começaram a notar uma beleza antes não realçada.

Seja destemida, acredite em você, aceite essa graça em forma de mirra celestial e especiarias da bondade do seu Criador. A verdade é que aquela moça começou a se amar, tinha segurança e alegria. Todo trabalho que ia fazer nela ficou diferente, fluía, frutificava. Ficou fácil trabalhar no seu exterior. A beleza contagiou, e ela começou a ser notada por tantos Assueros de sua vida, recebendo então benevolência onde pisava a planta de seus pés.

Você tem reis e rainhas para conquistar. Peça já esse tratamento a Deus e nunca mais será a mesma.

CAPÍTULO 8
FIOS NA UNÇÃO

Como profissional de beleza, dou muito valor aos tratamentos para o seu cabelo e à mudança, que muitas vezes se dá pela coloração. Creio no trabalho em conjunto do Dono da aquarela. Lembra quando falei do Visagista Celestial, que dá um colorido em sua vida, e na transformação que podemos dar aos fios de todos os cabelos sempre?

Cabelos pretos se transformam em loiros, que se transformam em ruivos, que se tornam pretos... E há também as pigmentações, como o rosa, o laranja, o azul e tantas outras, as quais podem mudar a cor dos fios. Adoro isso! Como colorista, amo quando a cliente chega ao salão para essa mudança em seu exterior, que muitas vezes se torna radical.

Meu procedimento para esse tipo de trabalho é o seguinte: avalio o cabelo – o estado em que se encontram os fios, a cor, do que vou precisar para a mudança – e mãos à obra! Então, começo a preparar a cor. Utilizo sempre mais que duas cores, numa mistura especial, para que cada cliente tenha uma cor específica. Pode até parecer a mesma nuance, mas sempre há um pontinho de pigmento diferente. Por exemplo, tenho muitas nuances marrons por aqui, e muitas que já passaram por meu salão, mas me lembro das misturas até hoje. Com essa tonalidade dá para brincar à vontade: tons de marrom-escuro, marrom-café, marrom-dourado, marrom-irisado, marrom-acobreado e afins. Cada rosto combinando com o perfil e o momento de cada cliente.

Antigamente, chegava-se a um salão de beleza e o que ouvíamos, em termos de tratamentos, eram banho de parafina, banho de óleo ou banho de creme. Em seguida, veio uma novidade: o banho de petróleo. Se você tem um pouco mais de idade, vai se lembrar perfeitamente desses nomes.

Hoje, temos uma gama de tratamentos, e a cada dia, com tanta evolução e tecnologia, surgirão mais. Hidratações, cauterizações, remineralizações, realinhamento dos fios, escovas progressivas, botox... Pratico tudo isso no meu salão. E, como profissionais, não podemos ficar para trás. Temos de ir acompanhando toda essa modernidade. Muitas vezes, trata-se de algum tratamento antigo, mas que leva um nome diferente. Esse é o caso do banho de petróleo, chamado hoje de cristalização.

Os seus fios precisam ser tratados sim, e você pode até estar precisando de uma mudança na cor deles, mas quero dar uma dica superespecial para que essa mudança seja completa e satisfatória. Como o propósito deste livro, além de lançar dicas especiais, é fazê-la cuidar do seu interior primeiro, vamos analisar o que está por dentro da sua cabeça.

Um fator importante é manter a mente saudável para toda transformação que queremos fazer. E uma mente não dividida, andando lado a lado com o corpo, sempre estará preparada para mudança. Mente e corpo devem estar em sintonia entre si e com o Criador; interior e exterior trabalhando juntos.

O medo pode contribuir para que sua mente fique doente. Medo de se arriscar, medo do novo, medo da reação dos outros, e tantos outros receios que existem por aí. O medo é um agressor para sua mente e prejudica todo o seu corpo. Primeiramente, ele prejudica seu interior; então, ataca o exterior. Ele estragará qualquer mudança em você. Com medo, você nunca será "ousada". E a "ousadia" deve ser a tintura necessária para curar sua mente e transformar seu exterior. A pessoa que tem medo nunca sairá de onde está, jamais estará preparada para mudanças em nenhuma área da vida, muito menos na aparência.

O medo faz sua mente achar que tudo é demais para você. Se hoje você sente medo, é melhor tratá-lo primeiro, para depois arriscar uma mudança de cor ou corte. Já tive muitos exemplos no salão, nestes quase trinta anos de experiência. Vou relatar uma delas para você compreender melhor.

A cliente chegou com os cabelos naturais, e me disse assim: "Quero ficar loira". Então eu perguntei, para reafirmar sua decisão, visto que a conhecia e sabia que não era ousada, não costumava tomar decisões radicais; o básico bastava: "Você quer só alguns fiozinhos para iluminar o seu rosto, ou quer mudar totalmente, clareando todo o cabelo?".

Procuro sempre conversar com a cliente antes, e nesse caso não foi diferente. Senti certo medo vindo nela, mas ela reafirmou a resposta: "Quero ficar bem loira. Quero ser radical, uma mudança total. Isso, porém, era da boca para fora. Não era o que ela queria de verdade.

Depois de dialogarmos bastante e de eu apresentar a ela todas as possibilidades, começamos a trabalhar. Depois de o cabelo estar finalizado e escovado, o resultado estava ali, de frente com o meu espelho: loira e linda. Na hora ela amou e saiu do salão radiante. No entanto, esse convencimento era superficial, não estava claro e definido por dentro. Então, no outro dia pela manhã, meu telefone tocou. Adivinha? Era ela, com a voz amedrontada, me dizendo: "Quero voltar à cor natural do meu cabelo. Meu marido não gostou, estou me sentindo estranha, não pareço eu. Estou muito loira, então quero voltar ao natural".

Louvado seja Deus pela criação das colorações e dos profissionais coloristas! O que seria dela se não existisse uma tinta que, misturada a outra e graças a todo o processo de descoloração, cobrisse o loiro e transformasse o cabelo na cor escura e natural novamente? Acredito que, se isso não existisse, ela entraria em depressão profunda.

Se ela estivesse realmente decidida, tomaria uma atitude ousada, mas prudente. Estaria tão bem que, em vez de ser convencida com uma simples palavra (de que não estava parecendo ela mesma, estava artificial), seria ela quem convenceria qualquer pessoa, por estar se sentindo maravilhosa com a mudança. Em seu interior, porém, era tão insegura que, na primeira opinião contrária, seu mundo loiro desabou, despencou.

> "Porque Deus não nos deu o espírito de temor [medo], mas de fortaleza [ousadia], e de amor [essência de Deus], e de moderação [prudência]." (2Tm 1:7)

Esta é a receita: antes de colorir os fios externos, peça a Deus um colorido de ousadia, amor e prudência para sua mente. Então o colorista, que é o profissional que a atende, vai poder ousar transformar seus cabelos brincando, porque a ousadia contraria o medo, o amor a faz sentir-se bem, e a prudência a leva a tomar decisões na hora exata.

Quanto aos tratamentos, vamos falar de alguns citados anteriormente.

- Hidratação – Devolve água para os fios ressecados.
- Nutrição – Devolve nutrientes de que os cabelos precisam, como colágeno e elastina.
- Cauterização ou queratinização – Devolve queratina aos fios.
- Remineralização – Devolve os minerais de que os fios estão necessitados.
- Cristalização – Dá brilho aos fios.
- Realinhamento dos fios – Une todos esses processos e devolve estabilidade aos fios.

Entendemos que a linguagem dos tratamentos é devolver, devolver e devolver. Eles são maravilhosos e agradecemos a Deus por dar capacidade aos profissionais da área química para desenvolverem cada vez mais produtos que nos ajudam e facilitam muito a vida das pessoas no dia a dia. Então, que venham muitas invenções!

Tratar os fios é algo necessário. Um cabelo que está sem tratamento, precisando ser hidratado, cauterizado, jamais poderá passar bem por um processo químico. Se a cliente teimar com o profissional, e fizer qualquer processo químico sem devolver antes aquilo de que o cabelo precisa, terá ainda um cabelo mais danificado. O posterior ficará ainda pior. Eu recomendo o tratamento dos fios.

Aproveito a ocasião para falar sobre outro tratamento, um extra para os seus cabelos e que, além de realçar os fios, vai realçar todo o seu ser. Quer o nome desse produto? Ele opera milagres e fornece óleo da unção, que, neste caso, é óleo de alegria. Lembram quando citei, nos capítulos anteriores, sobre a alegria ornar o rosto? Então, ela pode também tratar seus fios.

A Bíblia nos fala desse óleo excelente, o óleo da alegria, em Isaías 61:3:

> "a ordenar acerca dos tristes de Sião que se lhes dê ornamento por cinza, óleo de gozo [alegria] por tristeza, veste de louvor por espírito angustiado, a fim de que se chamem árvores de justiça, plantação do SENHOR, para que ele seja glorificado."

Óleo de alegria em vez de pranto. Para estar em pranto, é preciso estar triste. Tristeza significa luto, dor; alegria, por sua vez, é júbilo, prazer. Os dois termos são antônimos.

Vivemos numa sociedade em que a tristeza tem dominado os corações e as mentes por intermédio do mal do século: a depressão. Nesse reino chamado tristeza habita toda a espécie de males, os quais têm matado vidas. Uma pessoa que não tem alegria é morta, não expressa nada. E viver nesse reinado de tristeza é acordar todas as manhãs com grandes oportunidades à sua frente, mas não conseguir usufruir delas.

Preste atenção. Jesus pode derramar sobre seus fios, sobre sua mente o óleo de alegria, porque Ele foi ungido com esse óleo. Repare no que está escrito em Hebreus 1:9: "Amaste a justiça e aborreceste a iniquidade; por isso, Deus, o teu Deus, te ungiu com óleo de alegria, mais do que a teus companheiros".

Uma nota rápida sobre esse versículo. Quando o autor de Hebreus fala "amaste a justiça e aborreceste a iniquidade", isso se encaixa perfeitamente à pessoa de Jesus. Ele foi a justiça de Deus na terra nos justificando, e abominou o pecado da humanidade, o qual carregou todos eles na cruz, para nos remir, nos salvar.

Note que esse versículo declara essa unção sobre Jesus.

Quando ela é derramada sobre você, por meio de Jesus, fica transbordante de uma alegria que está muito acima de todas as dificuldades e adversidades que a têm feito viver no reinado de tristeza. Afirmo com convicção que não adianta derramar óleos e cremes sobre os seus fios, se sua mente e seu coração estiverem vazios e cegos. Jesus pode prover alegria para todo o seu ser, e fazer seus fios brilharem, transformando o seu choro em regozijo.

Se já conviveu com uma pessoa triste, ou em depressão profunda, sabe que esse domínio é tão forte, que acaba prendendo os que estão à volta dela. Então, não fique presa a esse reinado de tristeza que domina sua mente. Receba a alegria dessa unção, deixando Jesus tocar em você. Esse toque vai fazê-la caminhar independentemente das circunstâncias que estiver vivendo. Mesmo ainda em meio às dificuldades, conseguirá prosseguir, lembrando que o amanhecer é um sinal de que algo novo pode acontecer.

A alegria que vem de Jesus faz todo fardo ficar leve. Quando você perceber, já estará em outro amanhecer, em outra oportunidade para recomeçar e regozijar. Alegre-se. Deixe Jesus tratar sua mente para então receber fios brilhosos e recuperados pelos tratamentos apresentados pelos salões e espaços de beleza.

CAPÍTULO 9
TRATAMENTO PARA O CORPO

Como já mencionei nos capítulos anteriores, no mundo de hoje as pessoas buscam melhorar a aparência a todo custo. Homens e mulheres tentam se preencher de algo, então primeiro correm atrás de cuidar do que está fora – seu físico, sua aparência –, voltando assim sempre ao assunto autoestima.

A tecnologia evoluiu e o número de pessoas com o psicológico doente aumentou. Vivemos a era da depressão e toda sua família, como pânico, transtornos e muito mais. Jovens muito novos são infelizes, então se enfiam cada vez mais nas famosas bombas ou nas dietas milagrosas. Estou falando de exageros impostos. Tudo o que estiver sendo feito com normalidade é bem-aceito, bem vivido, e o resultado é o sucesso.

Por que temos essa tendência falsa de realizar-se primeiro por fora? Por que estamos sempre querendo mostrar a aparência para depois pensar no que está dentro, na transparência? Isso é um engano. Nunca vamos nos satisfazer por completo por meio de elogios por uma imagem exterior.

Visualizamos uma busca frenética por academias, *personal trainers*, clínicas de estética, drenagens, regimes e muito mais. Numa sociedade em que o manequim ideal é o menor possível, as mais cheinhas ficam sem opção de roupa e se frustram, pensando: *Estou enorme, gigante...* Enquanto isso, em outro mundo, as magérrimas sofrem com bulimia e anorexia para manter o manequim finíssimo, o que as deixa frustradas também.

A real questão é ser bem resolvida. Tudo é muito bom quando não é imposto como numa ditadura. Cuidar de nossa saúde, ir à academia, perder quilos em excesso ou drenar gordura faz com que nos sintamos melhor, assim como manter o peso, desde que estejamos bem. Todo excesso imposto torna-se escravidão, e ninguém foi criado como um ser único para viver preso a uma masmorra de padrões da sociedade.

Pelo fato de lidar com pessoas há bastante tempo, percebo que a depressão tem levado à morte muitas mulheres insatisfeitas, encurraladas nessas prisões. E elas não estão buscando esses meios visando à saúde, mas por insatisfação, imposição.

A sociedade do manequim 36/38 impõe que, para estar dentro do padrão e ser aceita, a mulher deve ser bem magra, e os homens, bem definidos. Se não atingimos isso, não somos aceitos, não agradamos.

Se a mulher for mais cheinha, gorda, ou se o homem tiver o abdome volumoso, excesso de barriga, e não estiver em paz consigo mesmo, sua vida vai se tornar um tormento de insatisfação e tristeza. Essas pessoas vão parar na masmorra da servidão e sua mente será escravizada pelo monstro que grita: "Tô gorda! Tô gorda! Tô gorda!". Até para emagrecer você precisa estar em paz consigo. Não adianta querer fazer dieta porque a estão obrigando. O incentivo deve vir de você mesma. Então, dará certo e o resultado será ótimo.

Tudo o que é feito dentro do equilíbrio é saudável e gera satisfação, por isso procure o melhorar, mas de uma forma espontânea, e não exigida. Busque viver em paz consigo mesma, buscando a paz que excede todo entendimento. Está escrito em Filipenses 4:7: "E a paz de Deus, que excede todo entendimento, guardará os vossos corações e os vossos sentimentos em Cristo Jesus".

Busque a paz de Deus, em Cristo Jesus. Se permitir que Jesus, o Príncipe da Paz, entre em você, alcançará um estado de tanta tranquilidade, que tudo se tornará aceitável.

> "Porque um menino nos nasceu, um filho se nos deu; e o principado está sobre os seus ombros; e o seu nome será Maravilhoso Conselheiro, Deus Forte, Pai da Eternidade, Príncipe da Paz." (Is 9:6)

A paz que excede todo entendimento é aquela paz tão tranquilizadora dentro de você, que faz as coisas se encaixarem aos poucos em sua vida, sem afobação, do tipo: "Preciso emagrecer! Estou com celulite!". Conheço pessoas que, se tivessem um problema hormonal e de repente engordassem cinco quilos, morreriam de desespero, tristeza e frustração. São tão sem paz, que sua conduta pode levá-las a uma insatisfação progressiva e sem resultado algum.

Há quem não consiga compreender aqueles que vivem sob o domínio dessa Paz, que são felizes, vivendo cada dia o seu dia, cada etapa por vez, tentando achar a solução para recomeçar, gorda ou magra, mesmo num momento de enfermidade. Homens e mulheres atormentados pelo corpo não entendem como alguém *cheinho* e com celulite pode ser feliz, ou pode envelhecer feliz. Mas qualquer um desses casos que esbanjam paz e felicidade são bem-sucedidos quando procuram um tratamento estético, porque se baseiam em seu bem-estar e não só na aparência.

Quem não tem paz nunca estará satisfeito. Morrerá de fome, de tristeza, e jamais alcançará um objetivo que lhe agrade, porque sentirá que algo sempre está faltando, buscando preencher sua insatisfação. Existem mulheres lindíssimas, por exemplo, com corpos esculturais, um verdadeiro monumento de beleza, mas que por dentro vivem aprisionadas, atormentadas e infelizes. Em contrapartida, a mente daqueles que têm a paz está em harmonia com seu corpo. Então, eles procuram eliminar o peso em excesso para melhorar a saúde, o condicionamento, o bem-estar, e fazem de cada momento um lazer, não um sacrifício. E, como bônus, alcançam um belo corpo.

Então, procure se cuidar sim, mas cuidado com os exageros, se policie e busque a paz de Deus em você. Não busque a paz no marido que quer vê-la sem barriga. Você faz todo esforço do mundo e ainda assim não consegue satisfazê-lo? Faz abdominais e nunca está agradando? Vale lembrar que a pessoa que a ama vai amá-la do jeito que você é, porque Deus a ama assim, e vai incentivá-la a perder ou ganhar peso com alegria, e não como uma obrigação.

Nota para homens – Maridos e namorados, incentivem e amem sua companheira do jeito que ela é. A paz de Deus, então, vai invadir seu lar, seu relacionamento. Todas as coisas vão se encaixando e serão acrescentadas, inclusive um corpo que agrade a ambos. A cobrança de sua parte machuca e baixa a autoestima dela. O elogio a elevará, fazendo que seja cada vez melhor.

Mulheres – Não busquem a paz em seus amigos, pais, avós, professores, e tantos outros. Busquem a paz em Deus, e então melhorem. Eliminem o que estiver a mais ou acrescentem o que estiver a menos. Deus nos dá a paz que excede todo entendimento, então, tratando o seu interior, confirmará todo o seu tratamento exterior.

CAPÍTULO 10
A MELHOR MAQUIAGEM

Maquiagem. Está aí um tema que me traz muita satisfação em falar.

Há muitos anos arrumo noivas, madrinhas, debutantes e todas as que marcam um horário para os mais diferentes eventos e festas. Com amor, faço penteados e maquiagens. Com um penteado diferente, você consegue criar uma mulher nova para cada ocasião, variando desde a mais irreverente até a mais romântica, com tudo de acordo – roupa, cabelo, maquiagem e acessórios –, valorizado e com harmonia.

Neste capítulo, quero abordar o seu rosto. É muito gratificante o término de um trabalho como a maquiagem. Você já deve estar imaginando que minha intenção é comparar a arrumação exterior com a interior. Em meu dia a dia, procuro trabalhar também o rosto que está dentro das minhas clientes. Dizem que os olhos são a janela da alma. Muitas vezes já aconteceu de arrumar mulheres lindas, mas enxergar a angústia gritando atrás de seus olhos!

Em compensação, já aconteceu de arrumar mulheres simples, que não tinham os padrões exigidos pela sociedade, e deixá-las tão maravilhosas que seu brilho irradiava. E eu me sinto realizada demais quando isso acontece. Essa questão é tão séria e importante, que eu preciso repetir: no resultado final, o que vale é o que está por dentro.

Sendo assim, vamos lembrar o versículo descrito em Provérbios 15:13: "O coração alegre aformoseia o rosto [...]". Isso é tão verdadeiro, que vou fazer uma pergunta para que você pare e reflita: "Você já viu alguma noiva feia?". Pois é... Você pode até não gostar do tipo de arranjo que ela está usando, do modelo de vestido ou da maquiagem, achando-a forte ou fraca. No conjunto, porém, noiva é sempre noiva. Ela é linda do seu jeito, e fica radiante porque seu coração está alegre. O seu grande dia chegou.

Imagine as preparações em casa, a escolha do vestido, do sapato, dos acessórios, a organização da festa, a produção dos convites, os souvenir, o Dia da Noiva, tão cobiçado ultimamente. Se você já se casou, sabe do que estou falando. É uma correria intensa, mas que traz prazer até naquilo que não sai do jeito que gostaríamos.

Quando a mulher chega ao salão para o Dia da Noiva, seu coração está tão alegre pela data especial, que arrumá-la é uma diversão súper, hiper, megassatisfatória.

Já arrumei noivas de todos os tipos, todos os gostos, e o resultado final é sempre o mesmo: uma mulher linda, radiante e feliz à minha frente indo para o seu objetivo: o altar.

Tenho muitas experiências com noivas e poderia escrever um capítulo apenas para contá-las. No entanto, optei por relatar uma para que você perceba como ter um coração alegre faz toda a diferença, e como até uma situação temporária pode mudar o sentimento do coração e trazer transtornos que, se não forem resolvidos, estragarão o grande dia.

A noiva chegou para o seu primeiro grande momento, o Dia da Noiva. Tudo ia de acordo: descanso, bate-papo, alimentação, massagem. Então começamos a arrumá-la. Trabalhamos sua pele, fizemos a maquiagem – olhos, rosto, boca –, o penteado, colocamos a tiara e pontos de luz. Tudo corria bem até que, quando íamos vesti-la, a campainha do salão tocou. Era o entregador da floricultura levando uma peça importantíssima para o visual ficar completo: o buquê.

A recepcionista foi lá, atendeu à porta, recebeu o buquê e levou até mim para que eu o entregasse à noiva. E lá fui eu, toda feliz. Quando cheguei, com o acessório na mão, ao cômodo em que ela estava, a noiva arregalou os olhos e sua expressão mudou de imediato. Na hora, entendi que o buquê não a tinha agradado. Ouvi um grito de desespero: "Este não é o meu buquê! Não encomendei isso". Ela chorou, chorou, gritou, e não existe spray fixador no mundo que segure uma maquiagem com tantas lágrimas. Ela esfregava as mãos no rosto e a maquiagem delineada, contornada, detalhada, foi para espaço. Ficou toda borrada. Os olhos dela estavam inchados de tanto chorar descontroladamente. Parecia cena de filme.

Se há uma coisa com a qual aprendi a lidar ao longo desses anos é com as situações inusitadas. Então, mais que depressa, procurei acalmá-la, tranquilizá-la, demonstrando segurança, dizendo que ia resolver a situação de qualquer jeito.

Para ser bem franca, quando vi o buquê, eu o achei estranho, muito diferente de como ela havia descrito, mas pensei: *De repente, eu entendi errado.* Rapidamente, liguei para a floricultura, expliquei todo o acontecido e determinei que uma pessoa do salão iria até o local para retirar um novo buquê. Foi muita conversa, porque nessas horas ninguém quer assumir a culpa. Tivemos que pressionar, mas não tínhamos muito tempo para convencer os donos. E era uma floricultura renomada da cidade. No fim, entramos num acordo e meu esposo foi até lá para a retirada. E eu consertei a maquiagem.

A situação, porém, era bem diferente. Quando fiz a maquiagem pela primeira vez, ela estava radiante. Depois do acontecido, tudo o que eu aplicava no rosto dela não realçava, e a noiva não conseguia relaxar o rosto, se soltar, descontrair, de tanta preocupação e tristeza. Terminei a nova maquiagem, mas foi notório para todos do salão que algo havia ficado diferente, embora eu tivesse executado da forma como fizera a primeira, passo a passo.

Pois bem, quando o novo buquê chegou... que momento relaxante! Eu entreguei o acessório à noiva e ela soltou um largo sorriso de alegria e satisfação que inundou seu rosto, trazendo uma iluminação e valorização de todo o meu trabalho. Tudo deu certo no final. Ela entrou no carro, linda e maravilhosa, e eu respirei aliviada. Missão cumprida.

Eu já lidei com muitas situações – vestido que não serviu ou manchado de caneta, botão que caiu, pai que não quis entrar na igreja na última hora e tantas outras –, mas achei que contar essa experiência demonstraria bem o assunto que estamos tratando. Quando nosso coração bate alegre, isso reflete no nosso rosto.

Se a alegria não tivesse invadido o coração daquela noiva, ao ver seu novo buquê, não teria adiantado em nada toda correção que fiz em seu rosto por meio da nova maquiagem. Tudo desapareceria coberto por um semblante triste, carrancudo, nervoso, fechado, insatisfeito. Um pequeno detalhe faz toda diferença.

Ao aplicar a maquiagem externa em seu rosto, exercite sua mente, e a maquiagem interna andará com a primeira, valorizando demais seu visual.

Você sabe a diferença entre maquilagem e maquiagem?

Ao observar catálogos de produtos, em uns vemos escrito maquilagem e em outros, maquiagem. Então fica a dúvida: qual é o termo correto?

Como sou formada há muitos anos, aprendi a diferenciá-los assim:

maquilagem – conjunto dos produtos de beleza usados para maquiar;

maquiagem – aplicação de cosméticos no rosto, ou o efeito de maquiar.

Confira a seguir uma sequência de maquiagem. Descreverei a função de cada item e, paralelamente, a maquiagem que pode estar no seu interior.

Corretivo – Serve para amenizar olheiras, sinais de nascença, espinhas, marcas de expressão, irregularidades na pele.

Corretivo interior – Existe muito olho que está doente, ou cuja visão ficou comprometida com acontecimentos que marcaram a vida. Tenha olhos bons. Treinar seu olho a ser bom pode corrigir qualquer imperfeição, porque a maneira de olhar é o que importa. Você pode fazer uma plástica no seu rosto inteiro e continuar achando que tudo está igual, sem enxergar nenhuma mudança. "Não porei coisa má diante dos meus olhos [...]" (Sl 101:3). Rejeite enxergar coisas ruins. Quando enxergá-las, treine sua visão para focar em algo bom por detrás daquilo. Olhos foram feitos para iluminar. Quando o olho perde o brilho é porque está morto, não há mais vida ali. Então, minha dica é: ilumine-se, com esta lâmpada maravilhosa chamada olhos; cada vez que você começar a enxergar as coisas boas, ele vai brilhar mais.

Base – Iguala a pele com a textura escolhida. Como o nome já diz, forma a base, ou seja, dá sustentação a todos os outros produtos que vêm por cima.

Base interior – O que pode formar uma base perfeita em nós? O amor. Ele é a base para tudo nesta vida, porque Deus é Amor. Quando não amamos, quando rejeitamos a forma como fomos criados, olhos, boca, nariz, cabelo, tudo fica em desarmonia, sem base sólida. O amor no seu coração firma você em algo além do que se vê. Ele tem o dom de colocar as coisas em seu devido lugar. Você vai conseguir enxergar uma beleza em seu interior de qualquer jeito, simplesmente porque se ama.

Leia 1ª Coríntios 13. Nunca vi, um texto descrever de uma forma tão correta o amor. Um amor como atitude e não só como sentimento. Sentimentos são baseados em emoções, emoções são instáveis, mas a sustentação do amor é duradoura, porque vem de um Deus Eterno, de um Deus que nos criou de uma forma perfeita. Se seguirmos essas instruções, nosso comportamento vai ser o melhor, com base em uma Palavra que é perfeita, um suporte para tudo em nossa vida. Por exemplo, quando o texto fala que o amor não se porta com indecência, pense nisto: algumas pessoas parecem ter uma massa corrida no rosto, um verdadeiro reboque; se sorriem, podem até rachar, porque não estão bem por dentro. Seu escape é exagerar por fora, formando quase uma máscara que chega a ser indecente, mudando-a completamente, simplesmente porque falta a ela amar-se verdadeiramente. Essa pessoa não consegue perceber que existe uma maquiagem para cada ocasião, que a maquiagem exagerada pode até ser legal para uma caracterização diferente, mas não para o seu dia a dia.

A base (maquilagem) bem colocada deixa você linda, dá suporte a tudo que será colocado posteriormente. Ame-se de dentro para fora, e desfrute de toda tecnologia dos cosméticos para valorizar mais ainda sua beleza.

Pó facial – Fixa a base e retira o que está superficial, como a oleosidade, o brilho exagerado da própria pele.

Pó interior – Ele pode dar mais fixação ao que já é sustento (base) e ainda retirar o exagero do que é superficial. O pó facial dá um efeito maravilhoso na maquiagem, mas, por dentro, o que dá este efeito maravilhoso se chama "humildade". Vamos ao dicionário ver o significado correto do que é ser humilde: é ser submisso, modesto; não querer se engrandecer.

Algumas pessoas ficam horríveis com brilho em excesso. Um brilho tão exagerado, tão superficial, que, em vez de realçá-las, as apaga, ofusca. Brilho de soberba faz isso. Você já deve ter convivido com pessoas que têm mania de grandeza. Só o que é delas é bom, somente elas são bonitas. Creio num Deus que faz resistência ao soberbo, mas é especialista em exaltar o humilde.

Preste atenção neste verso que está em Provérbios 22:4 "O galardão da humildade e o temor do Senhor são riquezas, e honra, e vida". Galardão aqui é recompensa, e a humildade é a melhor maneira de fixar o amor, que é uma base sólida.

Você pode usar o melhor pó facial da melhor marca. Se por dentro sua maquiagem de fixação for a soberba, tudo o que está por fora desmorona e não fixa. Então, fixe a maquiagem do interior com a humildade e passe o pó facial de sua preferência. Não haverá excessos, exageros, mas um rosto lindo por dentro e um semblante lindo por fora.

A seguir, vamos tratar de tudo o que realça os olhos, os próximos a serem maquiados.

Sombras – Têm por finalidade trabalhar os olhos, dando cor e vida a eles.

Delineador ou lápis – Fazem o acabamento da maquiagem dos olhos, criando linhas.

Rímel – Dá volume e alonga os cílios para destacar os olhos.

Gel para sobrancelhas – Como as sobrancelhas são a moldura dos olhos, elas têm de estar bem desenhadas e limpas de pelos. O gel, portanto, serve para fixar seu formato.

Agora me responda: de que adianta fazer tudo isso em nossos olhos, se quando olhamos algo a mensagem que o cérebro lê é sempre ruim? Não dizem que os olhos são a janela da alma? Os olhos são como luz para o nosso corpo. Se eles forem bons em visualizar coisas boas, todo o seu corpo será bom e terá luz. Se forem maus, todo o seu corpo, inclusive seu rosto, será mau, escuro. Está escrito que se seus olhos forem maus, todo o seu corpo será tenebroso. Vamos ao verso que descreve isso:

> "A candeia do corpo são os olhos; de sorte que, se os teus olhos forem bons, todo o teu corpo terá luz. Se, porém, os teus olhos forem maus, o teu corpo será tenebroso, Se, portanto, a luz que em ti há são trevas, quão grandes serão tais trevas!" (Mt 6:22,23)

Vigie o seu olhar. Condicione-se a olhar, a permitir que passem pelos seus olhos somente coisas boas. Ainda podemos escolher o que olhamos. Quando ainda sentir que ele está tendendo para o mal, assim como você trata uma irritação ocular, trate o interior. Procure o Médico dos médicos, e Ele dará um colírio espiritual para tratar toda essa irritação que a está fazendo você enxergar embaçado, como se houvesse areia dentro dos olhos.

O colírio celestial vai tratá-la tão bem, que você vai enxergar muito melhor até para aplicar todo o conjunto de itens da sua maquilagem para os olhos.

O próximo passo da maquiagem é o blush!

Blush – Sua função é dar à pele um efeito saudável, e tem de ser aplicado na medida. Se depois de preparar uma pele, com todos os produtos anteriores, você aplicar pouco blush, vai ficar com o aspecto de doente, muito pálida, com a pele esbranquiçada. Em contrapartida, se aplicar em exagero, seu rosto será o de noiva de quadrilha. Já viu como é maquiada uma noiva para a Festa Junina? Não queira esse aspecto. Já presenciei maquiagem desse tipo, e digo que ela acaba com o visual. Para uma maquiagem profissional, tudo deve estar na medida. Nos anos de 1980, o blush era aplicado em excesso, mas essa época já passou. Aplique-o, então, na medida em seu rosto, e ele vai dar a você o ar de pessoa saudável.

Se por fora a maquiagem nos dá essa condição, o que pode nos dar saúde interna?

Uma dose de sinceridade irá sempre deixá-la agradável e maravilhosa. Uma pessoa sincera atrai olhares, desperta curiosidade, e isso, neste mundo, tem sido uma raridade. Uma pessoa falsa, o famoso lobo em pele de cordeiro, logo é reconhecida, e rapidamente sua pele de cordeiro cai. Ninguém está pedindo para você, a partir de agora, sair contando sua vida, suas histórias, seus problemas, para o mundo inteiro ouvir, mas seja honesta e sincera consigo mesma, agindo de acordo com o que você é, e não com o que pensam sobre você.

Está escrito em Provérbios 10:9: "Quem anda em sinceridade anda seguro, mas o que perverte os seus caminhos será conhecido". Quem é sincero não tem meio-termo, vive pelo que é, e não vive simplesmente o que os outros querem. Não há nada pior do que viver com dissimulados, que falam uma coisa e praticam outra completamente diferente. Querem agradar a todos, mas vivem infelizes, porque estão desagradando a si mesmos.

Quando somos nós mesmos, estamos sempre seguros em tudo que fazemos, até na hora de aplicar o blush. Ter segurança no que faz, ser decidida em tomar decisões, faz muito bem para sua autoestima. Não viva a vida dos outros; viva a sua. Cada um tem sua porção. Ninguém que vive falsamente para agradar os outros é feliz. Viva para ser você, do jeito que é, falando aos outros o que quer. Não mude o caminho, pervertendo-o, para agradar, fazer média. Isso não é seguro.

Como o blush é a sinceridade, quando não aplicado, quando a pessoa é falsa, ela fica com o aspecto doente, certo? Porque seu caráter está doente.

Por outro lado, seguindo a mesma lógica, blush demais estraga toda a maquiagem. Quem nunca viu uma mulher que usou tanto blush, que ficou parecendo caracterização de palhaço? Ou seja, sinceridade em excesso também pode fazer mal. Mas como assim? Simples. Muitas vezes colocamos tanta sinceridade que deixamos de olhar o outro. Falamos o que pensamos sem tomar cuidado com as palavras. E então a nossa sinceridade passa a ser crítica.

A sinceridade pela sinceridade e não por nós mesmas ou para abençoar o outro. Será que sinceridade é sempre honestidade? Quando o blush fica excessivo? Quando criticamos muitas vezes sem ser perguntados, quando não medimos as palavras, quando não usamos a nossa sinceridade com amor e sim como apontamento, condenação. Seja sincera e espontânea, mas sem esquecer a gentileza, a suavidade, o afeto! Tudo isso dará a cor ideal ao seu visual!

Há mais um item que deve compor a sua maquiagem.

Batom (finalizador) – Finaliza a sua produção. Não pode faltar nem no dia a dia, muito menos na maquiagem. São muitas variações, do mais claro ao mais escuro, alguns só têm brilho, alguns são foscos, outros, brilhantes etc., para atender a todos os gostos que temos hoje.

Vasculhe a bolsa de uma mulher, se tem algo que dificilmente faltará é batom! Mesmo as que não usam muito, geralmente, têm pelo menos um brilho básico. A finalidade do batom é modificar o desenho dos lábios, corrigir imperfeições, aumentar ou diminuir, além de colorir, podendo até combinar com o tom da roupa. Ele serve também para realçar a maquiagem. Não tem como fazer uma maquiagem e não finalizá-la com o batom, pois a pessoa fica com um aspecto sem vida. O batom completa o conjunto de todos os produtos aplicados anteriormente. Se seus olhos estiverem bem marcados, com cores escuras, seu batom deve ser leve, de cor suave. Se tiver pouca maquiagem nos seus olhos, então você pode ousar nos lábios, usando tons fortes, como vermelho.

O procedimento básico nos salões na hora da maquiagem segue os itens aqui descritos. E como é gratificante ver uma maquiagem concluída, seja em qualquer situação. Mais gratificante ainda é, depois de aplicarmos o batom, ouvir lábios que falam e proferem palavras de vida. Está escrito em Provérbios 18:21: "A morte e a vida estão no poder da língua; e aquele que a ama comerá do seu fruto". Pessoas que usam seus lábios com cautela sabem administrar este pequeno órgão e vivem muito melhor. Aquelas que não refreiam a língua vivem mal.

Depois do rosto transformado por fora, quem abre a boca e solta uma palavra torpe, numa linguagem suja – no popular, um palavrão –, perde a graça e não desfruta da beleza da transformação.

Existem pessoas que só usam a boca para amaldiçoar. Para elas, nada nunca está bom e ninguém é bom o bastante. Como a morte está dentro do seu coração, elas usam a língua para proferir o que lhes é peculiar. Neste caso, não existe maquiagem no mundo que resolva.

Use sua língua para trazer vida, mesmo em situações adversas ao seu redor, marcando uma personalidade.

Sei que hoje existem produtos que também realçam sua maquiagem e dão efeitos fantásticos, como o primer, que pode ser usado na pele ou nos olhos e deve ser aplicado antes da base, ou antes da sombra, se for o caso. Neste capítulo, porém, eu me referi aos fundamentos que existem há tempos, dos quais mulheres de todas as épocas já fizeram, e ainda fazem, uso.

Eu espero que com todo o passo a passo de uma maquiagem você aprenda e procure conhecer cada vez mais as tendências que a moda traz, mas que no seu interior a maquiagem não venha a ser uma tendência, e sim algo eterno e para sempre.

Tendências da moda passam, mas o que tem valor verdadeiro nós levamos até o fim da vida.

Que tal algumas dicas profissionais que irão ajudá-la na hora de finalizar a maquiagem?

- Para diminuir lábios grossos, use um delineador de boca por dentro.
- Para aumentar lábios pequenos, aplique o delineador por fora, e dê preferência a batons de cores vivas.
- Mulheres loiras combinam com caramelo.
- Mulheres morenas ficam melhor com chocolate.
- Mulheres ruivas se dão melhor com castanho-avermelhado.
- Mulheres negras ficam lindas com tons cobre e ouro.

CAPÍTULO 11
MASSAGEM

Este tema é bem legal também, por se tratar de algo que é muito procurado por diversas pessoas, e para muitas ocasiões. Quem não ama uma boa massagem?

Creio que todos nós entendemos os benefícios da massagem. Existe uma para cada resultado que se almeja. A massagem serve para modelar, desinchar, relaxar e, ainda, acabar com dores etc.

Uma massagem deve ser algo bom, relaxante, desde aquela feita em nossos pés após trabalharmos o dia inteiro, até a que fazem os profissionais da área em nossas costas após ficarmos na mesma posição por horas, ou abaixarmos e levantarmos erroneamente (de mau jeito, como dizemos no popular).

Quando falamos em massagem, logo vem à mente um momento de bem-estar, de conforto, relaxamento. No capítulo 6, "O Visagista Celestial", eu citei a massagem, referindo-me a um fardo leve e um jugo suave. Para obter um a fardo leve, precisamos de conforto; para um jugo suave, precisamos de bem-estar. E isso só Deus pode nos dar.

Também versei sobre o óleo da alegria, que combina com massagem. Juntos, os dois tornam-se a junção desse bem-estar desejado.

Existem diversos tipos de óleo para massagem, com diferentes aromas. Usados como fluídos aromáticos desde os tempos antigos – árabes, persas e egípcios, por exemplo, já utilizam a extração do óleo das plantas –, eles são retirados de raízes, folhas, frutas, sementes, cascas e caules. Quem não conhece a eficácia do eucalipto, por exemplo, que, aplicado nas costas, pode aliviar congestão nasal e dores musculares? Como nos sentimos bem depois de uma boa massagem, principalmente com óleo e essências combinadas!

Para cuidar do nosso interior, quero acrescentar um ingrediente que combina muito com o óleo da alegria, algo que está em escassez hoje em dia. Vivemos em meio a muita correria, problemas que ocupam nossa mente, e adversidades. Estamos na geração *delivery*: tudo é rápido, pronto. No entanto, nos esquecemos de algo principal: a gratidão.

O ser humano tem se distanciado cada vez mais de relacionamentos, por conta de toda essa agitação.

Neste mundo de tantas voltas, percebemos uma era sem conforto, relaxamento, bem-estar. As pessoas têm se esquecido de que há um Ser muito maior, que sustenta todas as galáxias com Suas mãos. Ele nos dá o dia, por meio dos raios de sol e nos traz a lua para nos mostrar que é noite. Como é relaxante admirar um céu estrelado! Nas grandes cidades já não conseguimos ter essa visão por causa de tanta poluição, mas no interior paramos e ficamos horas observando esse espetáculo, assim como as grandes cachoeiras e as ondas, que param, e não avançam sem uma ordem lá do alto. Já reparou que a melancia não cresce em árvore alta e que a laranjeira, a macieira e a figueira esbanjam beleza na época da colheita dos seus frutos?

Tudo na natureza tem um propósito, e nela há um ciclo completo. Note que você vê, ouve, fala, sente e se locomove. Preste atenção agora em suas mãos, as quais têm o poder de dar um soco superforte, mas também de acariciar levemente num gesto de amor. A humanidade tem se esquecido de tudo isso.

A gratidão deve ser inserida até na tecnologia. Foi Deus quem deu a capacidade mental, a inteligência, o sustento para homens e mulheres trazerem novidades, por meio de grandes invenções a fim de facilitar nossa vida. Está escrito em Efésios 5:20: "dando sempre graças por tudo a nosso Deus e Pai, em nome de nosso Senhor Jesus Cristo".

Dê graças por tudo, constantemente. Não agradeça só pelos momentos em que tudo vai bem. Esta geração se esquece do constante, vive na variável; não consegue agradecer o menor gesto, tanto que o "obrigado" tem ficado no esquecimento. Se não agradecem a quem estão vendo, como vão agradecer a quem não viram?

A gratidão pode se tornar uma massagem diária em nossa vida se a exercitarmos sempre. A massagem recupera-nos do cansaço, assim como a gratidão da reclamação, e leva-nos a momentos de descanso e salvação.

> "Aquele que oferece sacrifício de louvor me glorificará; e aquele que bem ordena o seu caminho eu mostrarei a salvação de Deus." (Sl 50:23)

Quando se oferece gratidão com sacrifícios significa que muitas vezes as coisas não vão estar do jeito que queremos, mas ainda assim agradecemos. Entendendo que Deus conhece todas as coisas, e que no final tudo vai cooperar para o nosso bem.

A gratidão é a sua resposta para Deus, mostrando que tem confiança Nele, mesmo que no momento você não esteja conseguindo entender os acontecimentos.

A ingratidão, por outro lado, é terrível. Lidar com alguém ingrato é doloroso. Uma pessoa ingrata, para quem nada é o suficiente, é infeliz, insatisfeita. Os insatisfeitos não são completos em nada. Pessoas felizes agradecem; as infelizes aborrecem. Como é difícil lidar com alguém que sente que nada está bom... Não existe massagem que relaxe.

Gratidão faz parte de uma vida que entende os desígnios de um Criador que está sempre procurando nos ajudar. É riqueza para quem aprende. Sempre há uma porta aberta, um favor de Deus para quem sabe honrá-lo com agradecimentos.

Relembrando, ser agradecido é um dos passos para uma autoimagem forte.

Se não tem esse hábito, comece a exercitá-lo. Comece a agradecer pelas pequenas coisas que estão à sua volta. Tenho a certeza de que isso vai fazer tão bem para você, que, como uma massagem, vai levá-la a lugares de bem-estar e conforto.

CAPÍTULO 12
QUE CHEIRO É ESSE?

Cheiro lembra perfume. E quem não ama um bom cheiro? Cheiro traz marcas. Já reparou que, quando sentimos algum cheiro por onde passamos, isso logo nos traz alguma lembrança?

Quando sentimos um aroma conhecido, nossa mente assimila o momento ou a pessoa relacionada ao cheiro. O cheiro é tão marcante que vai além dos perfumes. Querem exemplos? Aroma de café, chuva, livro novo, roupa nova, de bebê (muito bom). Há também os odores fétidos, como fezes, comida estragada, animal em decomposição (muito ruim).

Duvido que você goste de estar com alguém que não tem um cheiro bom. É difícil suportarmos um mau cheiro. Lembro-me de uma moça que estudou comigo no Ensino Médio, o antigo colegial. Ela usava óleo de cozinha para modelar seus cachos! Ninguém suportava sequer cumprimentá-la, pois o cheiro era tão ruim, que chegava a embrulhar o estômago. Aposto que se fosse hoje, com tantos produtos, alisamentos e chapinhas, seu cabelo estaria em outro processo, não tão cheio de óleo.

A verdade é que amamos tudo que faz bem – tratamentos, maquiagens, massagens –, porque tudo tem cheiro. Cheiro bom nos lembra de limpeza, e limpeza traz alívio. Chamo a atenção novamente para o óleo da alegria, que faz limpezas e tem um aroma agradável.

Todos gostam de perfumes. Mesmo a pessoa que é alérgica e não pode usar perfume, usa um creme, um sabonete, uma colônia, usa algo que mesmo descrito sem cheiro, traz a sensação de uma fragrância refrescante.

Eu, particularmente, amo perfumes, e três são os meus prediletos, pois combinam com quem sou, com minha pele e tudo mais.

O que é perfume? Desenvolvido primeiramente no Egito, perfume é uma mistura de essências e óleos que proporcionam um aroma agradável. Imaginem comigo. Cleópatra, a grande rainha, vivia cheia de tratamentos, tinha todo aquele cuidado digno de rainha, com profissionais cuidando de seu corpo, cabelo, rosto. Ela deveria ter todas as fragrâncias à sua disposição, uma para cada momento. Creio eu que os perfumistas criaram essências exclusivas para ela, identificando a ocasião em que ela solicitava.

Perfumes traduzem seu estado de espírito. Os perfumes, assim como tudo que nos envolve, têm de combinar com o nosso tipo de pele e personalidade. Às vezes amamos determinado aroma em uma pessoa, mas quando o aplicamos em nós fica forte demais ou desaparece em instantes. É que o cheiro não combinou.

Ele vai ser sempre bom naquela pessoa em específico. Questão de pele.

Quando eu era jovem usava almíscar, que era vendido em um vidro bem pequeno. Ficava muito bom com minha pele. Havia pessoas que também se davam bem com seu aroma, enquanto em outras ficava tão exagerado que não tinha condições de ficar perto delas. Bastava um pouquinho, e sua fragrância irradiava para todos os lados, de acordo com cada pele. Você é dessa época? O óleo de almíscar ainda continua em circulação.

Como dito, por ser também uma questão de personalidade, modo de vida, hoje não uso mais esse perfume. Meu gosto mudou para outros aromas, agora tenho três fragrâncias favoritas, uma para cada ocasião. Acredito que você deve ter alguma que combina com seu gosto também.

Há fragrâncias em toques amadeirados, adocicados, florais, lavanda e muito mais. Cada uma delas mostra como você está. E, vamos analisar, não acordamos e vamos dormir do mesmo jeito. O dia é tão cheio de surpresas, que acabamos mudando nosso jeito externo, a cada instante. Quando precisamos colocar um cheirinho em nós, logo lembramos como estamos e o que podemos fazer para aquela ocasião.

Seu interior tem de estar equilibrado, senão você não vai querer cheiro nenhum. E acredito que todos nós gostamos de sentir e ter um bom cheiro, seja de perfume, de hidratante ou sabonete. Sentir um odor desagradável é uma experiência ruim demais, mesmo no caso de exagero de perfume, quando não dá nem para respirá-lo.

Eu aposto que você está aí agora se lembrando de alguém que tem um cheiro que você ama, ou de alguém que tem um cheiro que você não gosta. Um perfume deve ser bom. Já tentou comprar uma imitação de um perfume? Um horror, não é mesmo? Pura água e o cheiro sai rapidamente da pele. Há aquela frase: "Nos menores frascos estão os melhores perfumes". Como isso tem importância! Foi tema de meu vestibular no ano de 1981. Nossos avós, pais, tios, já ouviram algum dia essa frase. Creio que o autor dela entendia que o que vale é o que está dentro, e não o que está fora.

Normalmente, perfume original vem em frascos pequenos, de acordo com o desenho de cada fabricante. Uma gota dele é o suficiente para perfumar o dia inteiro. Quanto ao falsificado, você usa aos montes, porém ele não contém fixador nenhum.

Que cheiro você tem exalado no seu frasco? Bom aroma ou mau cheiro?

Vale lembrar que o bom cheiro tem o poder de neutralizar o mau cheiro. Não adianta, como num enorme frasco, exalar um perfume falsificado.

Existem pessoas que exalam cheiro de morte com sua falta de amor, maldade, egoísmo e palavras mortíferas. E também há aquelas que exalam vida, com muito amor, alegria, palavras de ânimo, fortalecimento e edificação. Ou seja, elas constroem, e não destroem.

Devemos lutar para ter um bom cheiro sempre, um aroma que deixará bom qualquer caminho por onde passarmos, atraindo as pessoas que estiverem ao redor.

Deus, o Criador de todas as coisas, também quer sentir esse bom perfume em nós. Precisamos agradar também Àquele que nos criou, por meio de nossas atitudes. Em 2ª Coríntios 2:15 está escrito: "Porque para Deus somos o bom cheiro de Cristo [...]". Todos os nossos atos refletem para Deus um aroma.

Na Antiguidade, quando o povo sacrificava algo para Deus, esse trabalho tinha que chegar até as Suas narinas com aroma suave, senão o sacrifício não era aceito.

Muitos sacrifícios foram verdadeiras aberrações perante um Deus de pura beleza. E Deus então, em Sua infinita sabedoria, providenciou um sacrifício perfeito, que exala um perfume agradável por toda eternidade. Esse sacrifício é chamado pelo nome mais poderoso que existe: Jesus Cristo.

Jesus tem cheiro de amor, misericórdia, alegria, paz e vida em abundância. Quando Ele se faz presente em nosso coração, exalamos o Seu bom perfume. Com Cristo, o Bom Perfume, afastamos e neutralizamos qualquer mau cheiro em nossa vida. Então, peça para Jesus transformar seu estado. Permita que Ele entre no seu coração, para que você exale um bom perfume de dentro para fora. Não importa como se sente neste momento, é nos frascos pequeninos que estão os melhores perfumes. Quando nos sentimos pequenos e vemos a necessidade de algo maior em nós, estamos preparados para receber ajuda. A pessoa que se engrandece, como um frasco grande cheio de água com aroma, sem fixação, nunca vai sentir necessidade de nada; ela é autossuficiente.

Deus quer transformar você, fazê-la completa, tirar todo o mau cheiro de tristeza, angústia, ressentimentos, infelicidade, rancor, falta de perdão e tudo o que estiver dentro do seu frasco exalando odores fétidos. Ele quer transformá-la no bom perfume que exala seu Filho, Jesus Cristo. Deixe isso acontecer no seu interior e comece a ter um cheiro contagiante, com uma fixação duradoura e eterna.

No exterior, com uma vida diferenciada, você vai usar a marca da sua preferência. O importante é que vai deixar rastros marcantes.

CAPÍTULO 13
NELA EU ENCONTRO TUDO

Do que será que falaremos neste capítulo? Adivinhou?

Na minha eu me encontro, e consigo até me perder dentro dela. Ela mesma, nossa companheira de todas as horas, a inseparável bolsa.

Eu particularmente amo bolsas e sapatos, e como em uma bolsa de mulher cabe "tudo"... De tempos em tempos, temos que fazer uma faxina em nossa bolsa, porque senão até teia de aranha cresce lá dentro.

Quais são os objetos que levamos nela? Eu sei que depende de cada pessoa, mas no geral vou tentar fazer uma lista de coisas que provavelmente tem dentro de todas as bolsas femininas:

- carteira com todos os documentos, dinheiro, cartões;
- celular;
- remédios;
- maquiagem;
- guarda-chuva;
- lenços;
- chaves;

- bolsinhas com moedas;
- canetas e blocos;
- pente ou escova;
- blusas, dependendo da estação;
- *mastiguetes* (bala, chicletes, chocolate, barrinhas etc.) e tudo mais que couber nela.

Aposto que passou uma revista na sua bolsa e deu baixa em alguns itens. O engraçado é que, quando precisamos anotar algo com urgência, somem a caneta, o bloco, o celular. Tudo desaparece dentro dela, e ficamos perdidas.

Toda mulher tem um verdadeiro arsenal em sua bolsa. Esta é minha frase: "É melhor ter e não precisar, do que precisar e não ter". Então, tudo o que você pode imaginar há dentro da minha bolsa. Uma verdadeira provisão. Tudo de que preciso, e de que não preciso também. Ela é um salva-vidas a tiracolo. Quando troco de bolsa, em razão da cor ou do momento, dou um jeito e transfiro tudo de uma para outra.

Assim como você deve ter uma linda bolsa para salvá-la e ornamentá-la no momento em que precisa, existe um tipo de bolsa ainda mais excelente para carregar, uma bolsa guia, manual, para ajudá-la e socorrê-la no que precisar também. Só que, a hora em que você abri-la, ela vai suprir o seu interior, ao contrário da que você leva no braço, que carrega suprimentos que ajudam seu exterior.

Essa bolsa se chama Bíblia, um manual de vida que tem respostas para todas as áreas que você possa imaginar. Para toda situação pela qual você estiver passando, é só abri-la e... eureca! Vem uma resposta quentinha na hora para lhe socorrer. Entendam que a resposta vem porque é Deus quem está falando, então toda vez que você ler os capítulos e versículos relacionados ao que você está passando, vai mover algo dentro de você.

Quando precisamos de um lenço para enxugar nossas lágrimas, abrimos a bolsa e lá está o lencinho de que precisamos. Na Bíblia há uma palavra que diz o seguinte sobre o choro: "[...] o choro pode durar uma noite, mas a alegria vem pela manhã" (Sl 30:5).

Podemos abrir a bolsa para pegar um remédio e curar nossa enfermidade. Se abrimos a Bíblia, ela nos diz: "É ele que perdoa todas as tuas iniquidades e sara todas as tuas enfermidades" (Sl 103:3). Para tudo de que necessita, você pode receber uma resposta perfeita ao ler a Bíblia.

A seguir, listo algumas das inúmeras situações em que podemos precisar de respostas:

- na hora de tomar decisões;
- para ser um bom líder;
- durante nascimentos;
- em casamentos, formaturas ou aniversários;
- em momentos de depressão;
- em tempo de dificuldades;
- para o futuro;
- para dar perdão;
- para alcançar a paz;
- visando à alegria;
- entre pais e filhos;
- em meio à solidão;
- em casos de desemprego;
- ao sentir desânimo.

A lista é muito grande. Basta abrir a Bíblia e você encontrará um retorno imediato, pois ela é um livro vivo. É o próprio Deus, seu autor, falando conosco. Ele, por meio do Seu Espírito, inspirou homens e mulheres a escrever cada palavra de seus livros. Deus é Vivo e Poderoso. Seu livro gera vida e poder em nós. Tudo o que você ler nela provocará uma mudança em você.

Está escrito: "e conhecereis a verdade, e a verdade vos libertará" (Jo 8:32).

A Bíblia é a verdade de Deus para nós. Então, acostume-se ao verbo "abrir". Aqueles que o utilizam na forma errada deixam a Bíblia aberta na prateleira, no passado, no presente e no futuro, e não saem da mesma página nunca. Abrir indica ação. Vou, então, pegá-la e escancarar suas páginas, desatar, folhear e ler tudo o que está escrito nela.

Abro a bolsa e pego algo de que preciso. Abro a Bíblia e recebo uma mensagem de que necessito.

Existem vários modelos de bolsas – grandes ou pequenas; claras ou escuras; de alças curtas ou longas; mochilas; carteiras; a tiracolo; baú; atravessadas. Assim como tem o hábito de adquirir bolsas, crie o hábito de adquirir Bíblias diferenciadas. Há no mercado diversas linguagens para facilitar sua leitura e manuseio. Existem as de linguagem ampliada, as revisadas – como as do João Ferreira de Almeida –, e mesmo as mais modernas, como Nova Tradução na Linguagem de Hoje (NTLH), a Nova Versão Internacional (NVI), a Thompson e Bíblia da Mulher, com ilustrações que vão auxiliar seu dia a dia.

Como a bolsa é um item indispensável à composição da sua vestimenta, que a Bíblia seja um item indispensável para sua vida.

Bolsas são ótimas. Existem modelos e marcas maravilhosas, que combinam com os seus sapatos e completam o seu visual.

Bíblias são essenciais, de imenso valor. Combinam com suas situações e completam seu interior.

CAPÍTULO 14
SAPATOS PARA CAMINHADA

Eu não poderia falar de bolsas e não mencionar sapatos.

Será que existe alguém nesta Terra que não goste de sapatos? Duvido!

Acredito que cada um tem seu estilo, mas eles são imprescindíveis em nossos armários. Até homens amam comprar sapatos. E hoje em dia há uma variedade tão grande deles, com cores e formas tão diferentes, que nos deixam estupefatos.

Há sapatos para todos os gostos, de várias marcas e valores que cabem no bolso de quem deseja adquiri-los. E eles podem ter salto alto, salto médio, salto baixo; ser estilo scarpin, peep-toe, plataformas, Luiz XV, Anabela, rasteirinhas, tênis, sapatilhas etc.

Sapatos servem para cobrir nossos pés. Eles são os protetores que nos levam para onde queremos ir.

Uso scarpin de paetê e eles me levam a uma festa; a rasteirinha leva ao mercado; o tênis me leva a uma academia. Pode até não ser nessa ordem, mas normalmente é assim que acontece.

Fiz questão de que o título deste capítulo fosse “Sapatos para caminhada”, pois são para caminhos que os sapatos nos levam. Caminhos para casa, para o trabalho, para a escola, para clubes, para a igreja, para festas ou eventos.

Caminhadas... Todas elas são necessárias se nos estiverem levando a caminhos de vida, mesmo em dias escuros, nos quais parece que não vamos chegar ao fim.

Precisamos que esses sapatos tenham luz para iluminar nossos caminhos. Você pode calçar um lindo sapato, da melhor marca, a mais cara. Se ele a estiver levando para a morte, não valerá a pena. E o que são caminhos de morte? São aqueles que a princípio parecem ser bons, mas seu fim é a destruição total. Vamos aos exemplos.

Uma linda jovem, com toda a sua força, para aproveitar a vida da melhor maneira possível, arruma-se perfeitamente. Se seus pés estiverem caminhando para a prostituição, por exemplo, eles percorrerão a caminhada para morte.

Um belo jovem, com todo o seu vigor, usa seus tênis de marca, mas prossegue para o roubo e as drogas. Seus pés, então, vacilarão e caminharão para a morte.

Está escrito: “Lâmpada para os meus pés é tua palavra e luz, para o meu caminho” (Sl 119:105).

Não existe escuridão quando andamos à luz da palavra que vem do próprio Criador. Quando nos guiamos pela Palavra, ela nos leva a caminhos de vida, de prosperidade, de alegria, mesmo em momentos de grande aflição.

Você pode até não estar acreditando em nada do que está escrito nestas páginas, mas digo tudo por experiência própria. Há pessoas que são felizes com seus sapatinhos velhos, mas existem aquelas com mais de 200 pares de sapatos e que são infelizes, não conseguem encontrar paz em sua caminhada.

Uma cliente minha gastava muito dinheiro em sapatos. Era algo exagerado, fora do normal. Desfilava com seus sapatos de marcas e valores homéricos, mas por dentro ela era infeliz. Seus pés caminhavam para a morte, sempre pisando nas pessoas que ela julgava estarem abaixo dela. Essa mulher calçava seu scarpin de strass, saía sem rumo e terminava a noite em uma cama de motel, na companhia de alguém que nem sempre se lembraria dela na manhã seguinte.

Não use belos sapatos para pisar nas pessoas ou machucar a si mesma com caminhadas inúteis e sem iluminação.

Nossos pés precisam de luz, a qual brilha quando estamos no caminho correto. Na maior escuridão, essa lâmpada, que é a Palavra, vai iluminando sua caminhada e fazendo você ir pela direção certa. Essa é a razão de, no capítulo anterior, eu comparar a Palavra a uma bolsa. Sapatos e bolsas andam juntos. Quando essa lâmpada guia seus pés, seus sapatos vão ser iluminados, cheios de vida, e levarão vida a quem estiver com você.

Comprar sapatos é bom, mas saber usá-los é melhor ainda.

CAPÍTULO 15
GRAÇA E BELEZA

Mais uma vez vamos falar desta palavra: Graça. Você já ouviu falar dela, e muito, no capítulo 7, no qual tratamos a beleza de Ester.

Acredito que muitas vezes você teve que conviver com uma pessoa sem graça. Se nunca conviveu, vou lhe apresentar em algumas palavras a Sra. Sem Graça, uma pessoa que não expressa nada, nem que tudo está ruim nem que tudo está bom. Não tem opinião, se é bonito, ou feio, se melhor assim, ou daquele outro jeito. Uma pessoa que chega e ninguém nota, que sai e ninguém vê. Quando dói, você não sabe aonde, porque não abre a boca para se expressar. Ela vive num mundo em que a expressão é proibida; esse é o mundo dela.

E ela tem uma irmã, a Dona Engraçada, que também não tem graça, vive fazendo graça sem graça. Quer ser o centro das atenções, sem ser. Quando chega a um lugar, só falta pôr uma melancia na cabeça. Para chamar atenção, faz brincadeiras, das quais as pessoas riem de tão sem graça que são, ou riem para não perder o amigo.

Ela também vive num mundo fantasioso, só dela, e não consegue enxergar que seu comportamento exagerado não agrada.

Você viu dois extremos, a que não expressa nada, e a que expressa demais. Não sei em qual você se encaixa, mas o ideal é encontrar o ponto de equilíbrio entre eles. E isso você só alcança com a graça verdadeira, por isso ela difere de beleza. Quem disse que a Sra. Sem Graça não tem beleza, ou a Dona Engraçada não é bonita? Quantas pessoas são lindas, e sem graça? E quantas não têm o estereótipo que a sociedade exige, mas têm muita graça? A verdade é que beleza exterior não tem nada a ver com graça.

Graça é um favor imerecido, não temos por que merecê-la. Temos por amor, estou falando da misericórdia de Deus. Ele se reconciliou conosco e nos livrou do tempo da Lei quando enviou Seu único Filho para que morresse por nós, e alcançamos esse favor quando entendemos isso e aceitamos esse amor. Hoje vivemos no tempo da Graça, pela misericórdia, pelo perdão e pelo amor de Deus, através de Jesus Cristo.

Estar sob a graça de um Deus de amor é permanecer bem sempre, é ser linda sempre. Quando você aprende a viver debaixo dessa graça, desfruta de momentos de muita alegria, e vive um tempo de ser linda e chamar a atenção aonde quer que vá, mesmo sem perceber. Uso uma frase na vida que diz assim: "A graça é melhor que muito dinheiro". Lido com mulheres de todos os tipos, umas com muito dinheiro, e isso não faz delas vencedoras, pois compram o que querem a hora que querem, mas estão sempre precisando de algo. Em contrapartida, conheço algumas bem simples, cujas conquistas alegram até os que estão de fora, como eu. Isso funciona assim: com graça você é tirado de situações terríveis e colocado para assentar com príncipes e reis, mesmo não tendo o estereótipo que a sociedade exige, o padrão de beleza por ela estipulado.

Quando você vai a uma entrevista de emprego, olha ao redor e vê que sua concorrente é aquela mulher linda, dentro do padrão exigido pela ditadura de hoje, vêm os seguintes pensamentos em sua mente: *Como concorrer com esse tipo de mulher? Meu corpo não está nos padrões, meus olhos não são claros, meus cabelos não balançam dessa forma...* No entanto, você está debaixo da graça. O responsável pela área entra e diz: "Gostei de você. Pode começar quando?". Você fica boquiaberta e pensa: *Fui escolhida*. Isso é graça!

A graça que pode ser derramada sobre nossa vida tem um poder tão grande, que só ela nos basta.

Se você se sente desprezada, se desde pequena ouviu coisas que a machucaram e a fizeram se sentir inferior, a paralisaram, saiba que a graça de Deus vai inundar o seu ser e vai conduzi-la com alegria a seguir por onde quer que você vá.

Com graça, você viverá tempos maravilhosos em sua vida, um tempo de destaque em suas tarefas no lar, no trabalho, na escola. As pessoas vão olhá-la e dizer: "Tem algo diferente em você. Está com uma beleza que eu nunca havia notado".

Faz tempo que não recebe um elogio do seu esposo? Peça agora essa graça, e você vai perceber um olhar diferente e cheio de ternura dele e de todos os que estão ao seu redor.

A graça faz de você bela sempre. A graça se resume à presença e ao amor de Deus em sua vida. Deus, o seu criador, concede sobre sua vida uma medida de graça, como presente, um favor, quando você se volta para o céu e pede. Há pessoas que não acreditam e resistem a essa graça, não dão valor por não terem que pagar nada, então gastam muito em consultórios de psiquiatria e dermatologia, em clínicas de estética e em spas, mas anulam o poder da graça em sua vida, simplesmente porque é de graça. Volto a dizer, não sou contra nenhum profissional, e acredito no trabalho deles, só que é preciso unir tudo isso ao interior. Quando os trabalhos andam em conjunto, tenha certeza que a vitória é certa.

Basta você pedir e o amor de Deus vai inundá-la de graça. Você vai se olhar com outros olhos e tudo será belo à sua volta. Isso não vai ausentá-la dos problemas, mas vai ajudá-la a superá-los com maior facilidade.

Acredito que todos têm sua beleza, não importa como sejam ou aquilo que receberam desde a concepção. Se você está vivendo uma vida de insatisfação em tudo, é porque está faltando a graça de Deus. Quantas pessoas eu vi buscando modificações, porém nada bastou. Ainda há coisas que elas querem mudar. Elas estão vivendo a insatisfação da Sem Graça no mundo da Engraçada.

Sou a favor de tudo que faz bem para o exterior, como programas de emagrecimento ou estética corporal, afinal sou da área da Beleza e, portanto, cuido do exterior das pessoas. No entanto, como ajudaria chegar a qualquer lugar desses para mudar o exterior com o interior dedicado à graça.

Tenha a graça, viva a graça, e seja graciosa em qualquer situação que estiver vivendo.

CAPÍTULO 16
RENOVAR É PRECISO

Não sei se esta palavra costuma fazer parte de seu vocabulário, mas, se não faz, deveria. Renovar!

Está escrito em 2ª Coríntios 4:16: "Por isso, não desfalecemos; mas, ainda que o nosso homem exterior se corrompa, o interior, contudo, se renova de dia em dia". Isso significa que você pode até perder a força no seu corpo, que é o exterior, mas para o seu interior sempre haverá uma centelha de renovação todos os dias.

Renovar significa reviver, ressurgir. Talvez você, aí onde esteja, pode estar se perguntando: "Como reviver se não estou morta?". Ou: "Como ressurgir, se não há esperança?". Como está escrito, seu espaço exterior pode até se desgastar com tantas intempéries, mas seu espaço interior pode se renovar, todos os dias, quando você tira os pés da cama e consegue enxergar que está viva, e fazer disso uma oportunidade para recomeçar.

É assim um renovo, no meio de uma terra seca. Nasce aquele broto, dando esperança a toda uma terra morta e sem vida. Eu sei que existem muitas situações em que estamos secas, rachadas, sem cor, ou pelo menos uma parte de nossa vida está assim. De repente não há mais esperanças em seus sonhos, ou sua mente está afetada por frustrações, tragédias, lutas aflições. São tantas as situações que nos advertem neste mundo, que precisamos buscar ressurgir para a vida.

Pode ser que sua saúde esteja morta e você não consiga enxergar mais esperança. Está precisando de algo para reviver?

Todo ser vivente neste planeta passa pelas quatro estações do ano. Ainda que bagunçadas no mundo exterior, no seu mundo interior elas existem e conseguem afetar todo o nosso externo. Vejamos o outono, quando as folhas caem: faz calor de dia e frio à noite. Nosso interior procede do mesmo jeito: começam a desabar as coisas e logo estamos entrando no inverno, uma estação seca, gelada, quando as flores perdem seu colorido. Parece que as coisas não estão dando certo, e que o nosso céu está cinza, sombrio, sem vida, como no inverno.

Normalmente, no inverno nos sentimos tão secos que não temos força para gerar ânimo e disposição para prosseguir. Estamos desfalecidas pela estação. Só que, como no mundo exterior, uma hora chega a primavera, e as flores começam a nascer novamente, a esperança floresce; em seguida, o verão chega, com o seu clima quente, trazendo resolução de muitas das situações que até então pareciam indissolúveis.

É tempo de reviver, revivificar o seu espaço interior. Sabemos que não é fácil, mas todos os dias é tempo de recomeçar. Vamos agora fazer um exercício mental: traga à sua memória situações, pessoas, coisas que promovam esperança em você, e lute contra os pensamentos negativos que querem assolar seu espaço interior, projetando tudo isso para o seu exterior.

Você foi criada para gerar vida e vivê-la em abundância. Não são as situações que devem governar você; você deve governar as situações.

Troque agora palavras negativas por palavras positivas. Comece a trabalhar seu cérebro de tal maneira que seu "eu" trabalhe como um gerenciador, construindo um mundo positivo dentro de você. Para que haja uma renovação, é preciso algo novo. Comece a dizer para o seu cérebro que agora ele está sob nova direção, com construções novas. E esse gerenciador que está tomando conta da obra é muito exigente, e quer novidades.

Aquela direção de angústia, sofrimento, dor, depressão, medo, pânico está se convertendo para outro caminho. Coisas novas vão ser construídas no lugar.

E as ordens são as seguintes. Diga em voz alta:

"Eu não sou doente, sou saudável".
"Eu não sou feia, sou linda".
"Eu não tenho medo, tenho coragem".
"Eu não sou burra, sou inteligente".
"Eu presto para muita coisa e tenho muito valor".

Tantas podem ser as situações que desencadeiam o inverno em sua vida e não deixam você prosseguir. Mude o comando do seu cérebro. O gerenciador é você. Deixe um "eu" novo entrar em cena. Comece a dizer para esses milhões de fiozinhos que estão dentro dele que ele tem um comando maior, que é Deus, e que Ele está no comando desse novo gerente. Você pode todas as coisas Nele, que a fortalece. Lembre-se: novo gerenciador, posições diferentes, cada coisa no seu lugar, cada dia o seu dia. O amanhã pertence a Ele, e tudo vai acontecer no seu tempo determinado. Não existe sofrimento antecipado. Isso fazia parte do gerenciamento antigo. Este novo diz que a cada dia vamos vivendo o que tiver que acontecer. Deus quer que você tenha vida, que você seja feliz. Basta apenas uma mudança de atitude, e a terra seca vai se transformar em mananciais de águas e jardins floridos.

Talvez faça tanto tempo que você não sorri, porque a construção de seus pensamentos, com o gerente antigo, dizia que você devia ficar triste. Comece a mudar sua ótica. Já falei em capítulos anteriores sobre colírios celestiais. Entenda que existe alguém que sustenta este universo, que Se preocupa com você. Mesmo em meio a tanta tristeza, você levantou, colocou os pés para fora da cama e tem fôlego de vida. É tempo para renovar.

Quando chegar outra manhã, e você acordar sem força e abatida, comece a luta de novo, trazendo ao gerenciador tudo o que lhe traz esperança. Pense no amor de Deus, que a permitiu acordar mais um dia. A cada manhã seus olhos se abrem, e isso é um motivo para você ressurgir das cinzas e viver. Toda manhã tem um renovo para você. Foi por amor que esse renovo foi enviado, Jesus Cristo, que morreu em seu lugar, para dar vida a você.

Não tem problema chorar para aliviar, isso não é sinônimo de fraqueza nem significa que não pode recomeçar. O importante é se levantar de onde caiu.

A cada manhã as misericórdias de Deus se renovam sobre nós, e isso já é motivo para mudar nossas atitudes. Conforme já mencionado em linhas anteriores, se acordou, está enxergando toda a dificuldade, suas folhas já caíram, está vivendo toda a frieza do inverno, abra os seus olhos, encha seu coração de alegria, olhe ao seu redor e veja que a primavera vem chegando com suas flores e todo o seu colorido, abrindo lugar para o lindo e aquecedor verão.

Não importa o que aconteça, o caloroso verão vai aquecê-la e trazer o aconchego necessário, porque ele traz de volta a esperança para vida. Renovar é preciso sempre, e Deus, o dono da vida, está pronto para abençoá-la todas as vezes que você gritar por socorro. É ele quem vai dar energia para mudar de direção, e colocar esse novo gerenciador em ação, fazendo-a seguir em frente.

Renove-se a cada dia. Veja o que o dia lhe traz e busque uma maneira de imergir de qualquer situação em que se encontrar. Você merece ser feliz.

CAPÍTULO 17
LIVRE OU CATIVO

Você é exigente com sua beleza?

Sua resposta pode ser sim ou não. Para acertar o que importa, seja exigente da maneira correta.

Ser exigente é ter comportamento implacável com a beleza interior, porque ela vai ditar o que vem por fora.

Se você disse sim, e se preocupa primeiro em cuidar do seu coração, de sua mente, então você acertou. Agora, se você disse não, que não se preocupa com o que está por dentro, mas corre numa sangria desatada para se arrumar por fora, infelizmente é cativa da beleza.

Em Gálatas 5:1 está escrito assim: "Estai, pois, firmes na liberdade com que Cristo nos libertou e não torneis a meter-vos debaixo do jugo de servidão".

Existem aquelas que são belíssimas, e estão em jugo de servidão aos padrões de uma sociedade que estipula o tipo de mulher que ela aceita.

Por fora, estampam no rosto sorrisos, mas por dentro choram de tristeza por estarem presas a padrões exigidos.

Sua exigência deve estar em cuidar primeiro do ser interior, que pode se renovar a cada dia. Está lembrada do capítulo anterior? Em segundo lugar, preocupar-se com o exterior. Se o primeiro estiver em ordem, o segundo vai ficar bem resolvido também, e satisfeito com tudo o que vier acontecer.

E quem é seu ser exterior? É o seu corpo físico, sujeito a todas as mudanças e intempéries do clima. E está caminhando para o fim, porque um dia ele acaba, nós sabemos muito bem disso.

O ser interior é o seu espírito, que pode receber vida, vida espiritual, por meio de Cristo.

Muitas mulheres fazem verdadeiros exageros para manter seu ser exterior. São cativas pela imposição da sociedade da beleza atual. Não são mulheres livres, estão cativas. Elas arrumam o rosto, mas acham que não está bom; então, vão para os seios, depois a barriga, e começam a pôr e a tirar, porém nunca estão satisfeitas. São detalhistas demais com o ser exterior, e esquecem-se de arrumar o interior: tirar a gordura do egoísmo, fazer drenagem nos pensamentos negativos, usar botox para paralisar a insatisfação, cortar todo ressentimento e mágoa...

Esse cativeiro em que vivem não é saudável, porque esta é a lei. Todos sabemos que vamos envelhecer. Por mais que corramos contra o tempo, as marcas aparecem, a pele fica flácida, os cabelos embranquecem.

Você deve tratar do seu exterior, porque ele é a casa do seu interior. Um é ligado ao outro. Seja livre. Ser escravo não é bom. Esse exagero a torna implacável, é maléfico, aprisiona. Exageros para ambos os lados não funcionam.

Deve haver um equilíbrio. Há pessoas que não ligam nada para o exterior, se matando em vícios, noitadas, bebidas e comidas. Tudo isso acelera o processo de envelhecimento. Não ligam nem para dentro nem para fora. São cativas também, e nenhum cativeiro é saudável. Você deve ser livre. Procure levar em consideração cada palavra que hoje tenho dito a você por meio deste livro.

Vou contar um testemunho da minha vida para que você entenda o quanto vale a pena investir no seu interior.

Eu tenho problemas de alergia respiratória, e muitas vezes tive crises tão fortes, que era obrigada a correr para o hospital. Nessas idas e vindas, sempre que chamava um táxi, coincidia de ser o mesmo motorista que me atendia.

Ele costumava até fazer gozação comigo. Certa vez ele me disse: "Lá vai você de novo para o hospital". Fiquei tão injuriada que respondi em tom sarcástico: "Sim, lá vou eu outra vez". E ele comentou: "O dia em que eu vir você boa, vai chover, e muito". No primeiro momento, aquelas palavras entraram no meu coração como flechas, abatendo-me na hora. Foram palavras de morte mesmo. No entanto, eu me lembrei da primavera, do verão, e procurei pôr em minha mente uma palavra que trouxesse vida, renovo, pois sei onde tenho colocado minha esperança: no Dono da vida.

Olhei bem para ele e respondi: "Pois é, o meu ser exterior se deteriora mesmo, com esse clima instável, a idade, o desgaste dos órgãos, mas o meu ser interior, este não. Ele se renova todos os dias, por isso estou de pé. E cuidado com o que você diz às pessoas. Todo corpo caminha para o fim, inclusive o seu". Entendam, não desejei mal àquele taxista, só procurei mostrar a ele que aquele dia ele estava bem, mas outro dia chegaria, e as coisas poderiam ser diferentes. Como foi, em resumo, o motorista sofreu um AVC e já não está mais entre nós. Seu homem exterior encontrou um fim. Este é um exemplo para fortalecê-la.

Muitas vezes você é tão linda, e está tão cativa no exterior, que fica machucando e se matando no seu interior com prisões impostas por pessoas que não a amam. Se amassem verdadeiramente, a amariam do jeito que você é. Cuide-se, seja seletiva com sua beleza, seja rigorosa com o que está ocupando seu mundo interior.

Todo padrão que se torna exigência para o seu mundo exterior, se for uma forma de ditadura, deve ser abolido agora mesmo. Declare-se livre, na liberdade que Cristo a libertou, e viva cada dia da sua vida amando quem você é. Então toda exigência vai parecer leve aos seus olhos, e aos olhos de quem está à sua volta. Diga não a toda espécie de cativeiro. Você não nasceu para ser prisioneira, mas para ser livre. Não se meta em jugo de escravidão. Deus dá essa liberdade.

CAPÍTULO 18
FORMA OU CONTEÚDO?

Tudo tem forma. Existem formas para rosto e para corpo. Ninguém é igual a ninguém.

Há rosto redondo, quadrado, triangular, triangular invertido, oval, retangular e em forma de losango. Também existem várias formas de corpo: redondo, quadrado, triângulo; há corpo magro, gordo, baixo, alto.

Junto a tudo isso ainda há as cores – cor de cabelo e de olhos – e os tipos de pele. Até os pés têm formatos diferentes, uns são achatados, outros são fininhos, outros são altos; alguns têm dedos longos ou dedos compridos. Você tem uma forma, e essa forma é única. Já pensou nisso? Ninguém é igual a ninguém. Mesmo gêmeos nascidos de uma mesma placenta têm uma diferença para identificá-los em seu exterior.

Prestou atenção? O exterior é todo feito sob uma forma. Então a definição é esta: conteúdo é o que está dentro, e a forma é o que está fora.

Ao começar a ler este capítulo, você já foi logo se enquadrando em uma forma, pensando no seu tipo de rosto, tipo de corpo, na cor dos cabelos e outras coisas mais. Quando se olhou no espelho, qual foi o seu pensamento? Você é feliz com a forma que Deus lhe deu?

Deus sonhou com você. Seu desenho é único. Não existe ninguém idêntico, digitais podem confirmar isso.

Ele planejou olhos, boca, rosto, corpo, forma, bilhões de células, glóbulos vermelhos, glóbulos brancos etc. Desde a fecundação, Deus já lhe fez um campeão. Sem que você peça, seu coração bate, seu cérebro manda comandos para o corpo (que é sua forma, seu espaço). Todos esses neurônios que fazem parte do seu espaço interior são fios inteligentes, que devem ser usados para encher e completar seu espaço interior com conteúdo. Existem pessoas vazias que só fazem barulho. Isso significa que poderiam estar recheadas de coisas boas, transformando, ajudando novas formas a ser melhores, mas contaminam a tudo com um recheio estragado, porque coisas ruins estão inseridas no seu ser.

Há formas lindas, mas que criaram dentro delas verdadeiros monstros sem conteúdo nenhum.

Sonhe o sonho de Deus, que é você. Talvez se aborreça por tantas vezes eu citar Deus, ou não goste disso. Falo e escrevo o que acredito. Deus é o Grande e Poderoso Criador. Tudo que existe nesta vida é sustentado por Ele. Nada é tão absoluto como a Sua criação. O néctar, as abelhas, as flores, a cadeia alimentar, a cor dos animais, os pássaros, tudo foi criado de uma forma muito especial. Andamos sob um planeta redondo, porque Deus criou algo que se chama gravidade. Se a Terra saísse um pouquinho do centro, já poderíamos sentir.

Deus é perfeito e tudo o que Ele faz é com perfeição. Como um Ser Perfeito como Deus, e com tanta criatividade, poderia falhar com você como sua maior criação? Ele não falhou em nada. Você foi projetada e criada do jeito que Ele sonhou, em cada detalhe. As gerações que vêm chegando têm deixado se influenciar por palavras que degeneram sua forma; então, ficam sem conteúdo e não conseguem se amar.

Quem não ama a si mesmo não consegue amar ao próximo. Por essa razão, vemos uma geração tão doentia, jovens se estragando, se corrompendo, acabando com seu corpo por nada. Quer ter grande conteúdo? Então se ame. O amor muda todas as coisas. Você pode procurar melhorar sua forma, algo que realmente a está atrapalhando, mas, antes, mude o que você tem em seu conteúdo. Comece a encher-se com novidade de vida, que vem de um Deus que sempre tem algo novo para lhe dar.

Deixe as pessoas a amarem primeiro, pelo que você é por dentro, para depois admirarem o que você tem por fora. Adianta eu pintar, reformar, enfeitar minha casa terrena, onde moro, deixá-la linda e maravilhosa por fora, no seu espaço externo, mas mantê-la toda bagunçada, rachada, desorganizada, fétida por dentro? Um lugar sem paz, sem vida, sem alegria.

Antes de começar a reformar por fora, tenho que dar uma geral por dentro.

As pessoas que vivem ao meu redor verão que por fora não está tão aprazível assim, mas, ao entrarem, vão perceber tudo tão arrumado e organizado. Elas irão se sentir tão bem, que o lado de fora será sucumbido pela beleza interior da casa. E é assim que funciona. Às vezes conversamos como uma pessoa linda no externo, mas quando ela abre sua boca sentimos o quão feia é por dentro.

Você é a casa, a forma que habita sua alma, seu espírito, que é o seu conteúdo. Trataremos desse assunto com mais detalhes adiante.

Muitas vezes, você está toda bagunçada por dentro, e só consegue enxergar o que está do lado de fora. Não conseguiu perceber que o problema começa dentro? Acha que reformando fora vai mudar o que está dentro? Isso não muda. Experimente começar a organizar e a melhorar o que está dentro, e depois comece a reforma do lado de fora. Quer alcançar satisfação? Comece pelo conteúdo, reformulando as ideias, olhando para como vão os seus sentimentos e atitudes. Depois que isso estiver em ordem, comece a restaurar aquilo que a ajudará a ser melhor e mais feliz por fora.

Deus, o seu Criador, não se importa que você queira reparar algo na sua forma original, mesmo porque existem situações em que isso é até necessário.

No entanto, não exagere. Está insatisfeita com Aquele que a formou? Não seja ingrata, mas agradecida a tudo que tem.

A sua insatisfação com sua forma não pode mudar uma vírgula em você, porque a insatisfação faz parte do seu conteúdo, e não da sua forma.

Se o seu coração estiver agradecido por sua forma, você vai contribuir muito com o seu conteúdo, e gerar reformas em você mesma, muito além do que possa imaginar. Então, se nasceu com um nariz que a incomoda e deseja arrumá-lo, remodelá-lo, Deus nunca vai lhe condenar por isso, afinal de contas, foi Ele quem deu inteligência aos nossos queridos cirurgiões e capacitação, por meio dos estudos, para esse tipo de trabalho. Aqui voltamos novamente ao ponto do agradecimento. Antes de qualquer reforma, seja agradecida pela parte que vai arrumar. No caso do nariz, agradeça por tê-lo. Ele tem uma função no seu corpo, mesmo se for pequeno, grande, pontudo. Ele está no lugar dele. Já pensou se não o tivesse? Você consegue se imaginar sem um nariz no seu rosto?

Aprenda a valorizar o que você tem. Qualquer reforma pela qual passar será para elevá-la, acrescentar algo em você. Outra referência sobre o agradecimento está em 1ª Tessalonicenses 5:18: "Em tudo dai graças [...]".

Fazendo esse exercício, muitos valores serão acrescentados sobre sua vida.

Se você não mudar o que está dentro, vai sentir necessidade de viver em reforma, até esgotar suas forças, e ainda será infeliz e frustrada.

Se a reestruturação começar por dentro, porém, onde está todo o seu conteúdo, vai viver mais, muito feliz, e completa, mesmo reformando. Mudar faz bem.

Eu amo reformas. Estou sempre mudando o exterior das mulheres, trazendo algo novo por meio de corte, cor, formato das sobrancelhas, ou, para uma ocasião especial, um belo penteado. Para estes, os estilos são muito variados. Podemos trabalhar um penteado romântico, moderno, arrojado, eclético, irreverente, formal, criando um estilo encantador, que revela uma mulher nova para cada ocasião.

No entanto, percebo nitidamente quem tem forma e quem tem conteúdo, e sei que todo profissional de beleza, ou de qualquer área, que mexa com o exterior das pessoas, percebe se seu interior está ruim, mesmo depois de ter trabalhado no seu exterior.

Reforme seu conteúdo, e poderá criar uma nova forma sempre.

CAPÍTULO 19
CAMINHO SEM RETORNO

Este capítulo abordará um fator muito importante em nossa vida: o tempo. Quem pode controlá-lo? A verdade é que ele não para. Se observarmos o relógio, os segundos e os minutos voam. As horas, os dias, os meses passam. Você não pode mudar o que aconteceu um segundo atrás.

Não sei se você é nova, ou velha, se está na meia-idade, se é adolescente. Seja qual for a etapa que estiver vivendo, meu incentivo é este: jovem, aproveite sua mocidade de maneira correta; se está na melhor idade, já viveu toda a força da sua juventude, então aproveite agora a força da sabedoria que os anos vividos puderam lhe proporcionar.

Jovem, seja lá qual for sua aparência, seu *status*, sua posição social, você não escapará de envelhecer.

Mulher de meia-idade, que já passou pela juventude, você está no meio do caminho. E você, que está na melhor idade, vivendo o que vou descrever, é muito preciosa e sua experiência vale ouro.

Existiu um homem muito belo em sua aparência que se chamava Salomão. Ele recebeu de Deus uma porção excelente de sabedoria e nos deixou um ensinamento que fala do tempo de uma maneira muito grandiosa.

Coloquei este capítulo todo dedicado a este escrito, para que entenda a importância de valorizar mais sua vida, independentemente de como está, ou em que época está vivendo, porque ela passa como num sopro.

Existem pessoas que passam anos presas à aparência e, quando chega ao final, veem que tudo não passou de vaidade.

Lembre-se de que não importa o que você faça, está neste caminho e tudo vai acontecer de acordo com a vontade de Deus.

Fico horrorizada com a juventude de hoje, com a falta de respeito com os mais velhos no ônibus, nas ruas e até mesmo em suas casas. Porque costume de casa vai à praça, já diziam os antigos. Aquilo que fazemos em nossa casa, com os nossos, fazemos em qualquer lugar, afinal é costume, é o conteúdo da forma.

Se você é jovem, adolescente, valorize, respeite quem chegou à velhice, e lembre-se: um dia você chegará lá também, assim esperamos. Se você está a caminho da velhice, dos bons dias, já deve estar sentindo os primeiros sintomas que vou descrever. A diferença está em como se encontra o seu interior. Se ele estiver bom, você vai viver e desfrutar tudo com sabedoria, e ser uma fonte de experiência. Se seu interior não estiver tratado, deve estar sofrendo em cada marca do seu rosto. Não precisa ser assim.

Você é linda nesta etapa também. Desfrute da melhor idade com muita alegria, lembrando-se de tudo o que já foi permitido viver, suas experiências, suas histórias, seu legado. Testemunhe aos mais jovens, conte suas experiências, e injete neles toda sua força com grande conteúdo. Está escrito: "Tudo tem o seu tempo determinado, e há tempo para todo o propósito debaixo do céu" (Ec 3:1). Este é um tempo para você ir com calma, e apreciar, refletir. Já passou por muitas coisas nesta vida. Até seus erros devem servir de exemplo para que outros não os cometam.

O mais importante de tudo é chegar à velhice com uma mente saudável e um coração alegre, cheio de agradecimento por tudo e com todos.

Para tratar desse caminho sem retorno, descreverei com cada versículo Eclesiastes 12:1-7, por ser um texto que trata totalmente do assunto em questão. Acompanhe.

> **Versículo 1** – "Lembra-te do teu Criador nos dias da tua mocidade, antes que venham os maus dias, e cheguem os anos dos quais venhas a dizer: Não tenho neles contentamento [ou prazer nenhum]".

O verbo lembrar denota uma ação, algo que se faz constantemente. Lembrar-se daquele que a criou, enquanto ainda tem força, das oportunidades que Deus lhe dá a cada dia. Você está vivendo o hoje, e isso denota presente, vida, porque vão chegar os dias em que tudo se tornará um fardo, cansativo, fatigante. Tudo o que fizer será difícil, pela idade avançada. Repare que aquilo que um ancião fazia antes ele não consegue fazer mais. Não tem mais o mesmo ânimo para correr, se locomover; os dias vão e vêm, e não adianta mais pressa.

Na mocidade você tem a chance de desfrutar de muitas coisas maravilhosas que estão ao seu redor, viver uma novidade todos os dias. Reafirmo: pare e observe toda a criação de Deus, todo o mundo em que habita. Tudo foi colocado no seu devido lugar para ser aproveitado, sempre recordando a magnitude de quem o criou. Não perca a oportunidade de fazer essa declaração de reconhecimento enquanto está em pleno vigor.

Versículo 2 – "Antes que se escureçam o sol, e a luz, e a lua, e as estrelas, e tornem a vir as nuvens depois da chuva".

O processo de envelhecimento é algo impressionante. Você, mulher, já ouviu seu oftalmologista dizer que até os 40 anos enxergamos de uma forma, depois dos 40 anos perdemos um pouco da visão, então é aí que o sol começa a escurecer?

A luz vai ficando fraca. Toda a criação que mencionei anteriormente você não vai conseguir ver com tanta nitidez assim. Seus cabelos brancos já serão muitos e você irá perder o ânimo, o vigor.

Versículo 3 – "No dia em que tremerem os guardas da casa, e se curvarem os homens fortes, e cessarem os moedores, por já serem poucos, e se escurecerem os que olham pelas janelas".

Olha com que inspiração o pregador vem descrevendo vários órgãos do seu corpo nesta etapa que se chama envelhecimento.

Quem são os guardas de sua casa? São seus braços, que têm força para lutar, arrumar. Lembra quando mencionei sobre a mão? Que perfeição. Com a mesma intensidade que ela dá um soco no momento de raiva, ela acaricia no momento de amor.

Seus braços podem empurrar com muita força para defendê-la, ao mesmo tempo que podem abraçar num toque que cura.

O abraço alivia cargas, estresse, traz alegrias, conforto, segurança, e muitos benefícios.

"E se curvarem os homens fortes" – estes são suas pernas. Pernas que andam, movimentam, se dobram, de forma perfeita e sincronizada.

O homem pode inventar mil coisas, mas ainda não conseguiu copiar com perfeição os movimentos dos nossos joelhos ao se dobrarem.

Juntamente às pernas vêm os pés. Corremos, andamos, chutamos, dançamos. Quando ela enfraquecer por seus muitos dias, não faremos muito. Nosso andar será bem devagar. Repare num homem ou mulher de bastante idade andando. Falta-lhe agilidade, o corpo não consegue acompanhar. Rapidamente, ele se curva.

"Moedores" são seus dentes, que com a idade vão caindo, e se tornam poucos, mesmo todos preservados. Os maxilares perdem sua firmeza.

O trecho que diz "se escurecem os que olham pela janela" se refere aos olhos, que outrora viam tudo, mas que de envelhecidos não enxergam quem bate à porta, nem as curtas nem as longas distâncias.

Versículo 4 – “E as duas portas da rua se fecharem por causa do baixo ruído da moedura, e se levantar à voz das aves, e todas as vozes do canto se baixarem”.

Suas duas portas são seus ouvidos, que, como num sistema de funcionamento perfeito, ouvem tudo, até mesmo o menor ruído. Quando temos problemas dentários na juventude, isso afeta os ouvidos, então não mastigamos bem, não ouvimos bem. Imagine, então, com o desgaste do maxilar e a falta de dentes. Isso vai mexendo com toda a audição.

Chega um tempo em que o barulho muito alto irrita, então pesa até uma ave cantando. Uma canção, que outrora era ouvida bem alto, é agora ouvida bem baixinho. É necessário mexer no volume, porque os ouvidos envelheceram.

Versículo 5 – “Como também quando temerem o que está no alto, e houver espantos no caminho, e florescer a amendoeira, e o gafanhoto for um peso, e perecer o apetite; porque o homem se vai à sua eterna casa, e os pranteadores andarão rodeando pela praça”.

Aqui se descreve tudo o que acontece no processo de envelhecer, porque os órgãos do corpo já não respondem.

“Florescer a amendoeira” refere-se à cabeça branquinha. Já ouviu esta frase: “Os cabelos estão brancos; floresceu”? Ao dizer que o gafanhoto é um peso, o versículo se refere à força que se foi, assim como o apetite. Não há alegria com grandes quantidades de comida, e tudo tem que ser pouco e medido. O estômago não suporta mais comidas pesadas.

Versículo 6 – "Antes que se quebre a cadeia de prata, e se despedace o copo de ouro, e se despedace o cântaro junto à fonte, e se despedace a roda junto ao poço".

A "cadeia de prata" é os neurônios. Você já viu como o funcionamento do cérebro é impressionante, cheio de fiozinhos que se ligam entre si, dividindo-o? De um lado há a razão; de outro, a emoção. Tudo em perfeito movimento, gerando comando e atividade para o nosso corpo. Qualquer rompimento nesses fios faz um grande estrago no corpo inteiro, ou em parte dele.

O "copo de ouro" é a grande máquina, que bombeia sangue para o corpo, o coração. É também dele que saem todas as nossas atitudes, o que pensamos, somos, e fazemos.

Há a comparação com o ouro, porque, nessa época, o corpo já passou por muitas refinações, muitos processos para tornar você em alguém de valor. A vida nos molda por situações que passamos, fazendo-nos ser melhores. E como é frágil a vida: "o cântaro junto à fonte, e se despedace a roda junto ao poço". Passamos como o vento, qualquer coisa pode nos abater.

Versículo 7 – "E o pó volte à terra, como o era, e o espírito volte a Deus, que o deu".

Todo o seu exterior vai se decompor. Nesta fase, o seu corpo volta ao pó, e seu espírito retorna a Deus. Cada fôlego de vida, cada ar que entra pelos pulmões é Deus quem permite.

Devemos prestar atenção à nossa vida, estando abertas para mudanças benéficas, quebrando conceitos, valores e paradigmas. Esse caminho chega para todos quando Deus permitir. E quando tudo isso chegar, como enfrentaremos? Devemos acreditar que fizemos o melhor, que valeu a pena tirar rugas, gorduras, tratar. Nosso coração não foi cego, mas enxergava as mudanças empurradas pela vida, sempre tirando o melhor proveito delas.

Nesta terra de viventes, tudo passa ligeiro. Passamos como o vento, que veloz vai embora, e nem percebemos. Que possamos aprender o valor da vida e agradecer por ela todos os dias, como um grande presente.

CAPÍTULO 20
AMOR E VAIDADE

Para falar de beleza, amor e vaidade tem dois conceitos que também merecem ser levados em consideração. Vamos começar a definir o primeiro.

O que é amor? É sentir afeição por alguém.

Existem diversos tipos de amor: o amor incondicional de pais para filhos, o amor de amizade que temos entre amigos, o amor romântico que temos para namorados e cônjuges. Todos se resumem a afeição. Notamos também que uma pessoa que não ama a si própria não consegue amar ninguém, porque só é possível dar aquilo que se tem.

Há um texto que traz características de amor, as quais se encaixam com todos os citados anteriormente. Está em 1ª Coríntios 13:1-8 e diz assim:

> "Ainda que eu falasse as línguas dos homens e dos anjos e não tivesse amor, seria como o metal que soa ou como o sino que tine.
>
> E ainda que tivesse o dom de profecia, e conhecesse todos os mistérios e toda a ciência, e ainda que

tivesse toda a fé, de maneira tal que transportasse os montes, e não tivesse amor, nada seria.

E ainda que distribuísse toda a minha fortuna para sustento dos pobres, e ainda que entregasse o meu corpo para ser queimado e não tivesse amor, nada disso me aproveitaria.

O amor é sofredor, é benigno; o amor não é invejoso, o amor não trata com leviandade, não se ensoberbece, não se porta com indecência, não busca os seus interesses, não se irrita, não suspeita mal; não folga com a injustiça, mas folga com a verdade; tudo sofre, tudo crê, tudo espera, tudo suporta.

O amor nunca falha [...]".

Depois da leitura desse texto inteligente e completo sobre o amor, que serve para todas as áreas da nossa vida, faça a analogia para o contexto do referido assunto. Transcrevi o texto inteiro para que, antes de você começar a se avaliar, reconheça o verdadeiro significado do amor, e depois transfira-o ao objetivo do capítulo. Neste caso, vamos argumentar o amor com a beleza, a fim de amar a si mesma para não cometer absurdos. Amar-se prudentemente, sem soberba, reconhecendo que só pode dar aquilo de que está cheia. Não será como o sino que tine; faz muito barulho por fora, mas por dentro é vazio.

Uma pessoa que ama a si própria moderadamente não vai ficar tão desesperada a ponto de cometer aberrações com o seu corpo, rosto. Aquele que tem amor-próprio não se porta com indecência, ou com leviandade, fazendo esculturas no corpo por pura exibição, despertando desejos alheios em quem não deveria.

Vemos mulheres lindíssimas que se vendem por nada, porque tratam o corpo com leviandade. Mas o amor a si mesma a torna paciente; com domínio próprio e não a faz pular de moda em moda.

A moda para roupas e acessórios é muito diferente. Quando não os queremos mais, nos desfazemos deles e adquirimos outros. Com o nosso corpo ou rosto, porém, não funciona bem assim. Depois que mexemos neles, não há como voltar. Por mais que remendemos, eles não ficarão iguais, só para um corte de cabelo que não foi de nosso agrado há remédio, pois ele cresce, mas mesmo assim, não é na hora que queremos.

Se na busca por seus interesses para a sua beleza você o faz de maneira cautelosa e inteligente, você não se irrita quando a resposta não é aquilo que espera. Existem mulheres que chegam ao salão com uma fotografia de determinada modelo, ou atriz, e pedem para que eu as deixe idênticas. Quando falamos que não é possível, porque nem o perfil nem o cabelo são compatíveis com a mudança, a irritação delas é tanta que levamos a culpa. Elas dizem que não sabemos trabalhar, mas não pararam para observar, com um olhar de amor, para entender que seu perfil é muito diferente do daquela mulher da capa de revista.

O amor tudo crê, tudo espera, tudo suporta. Quando consegue ter esse amor dentro de si, você decide uma mudança no rosto ou no corpo com sensatez, espera o tempo correto e respeita a opinião do profissional. Há profissionais que pedem para que essas mulheres esperem, porque algo não está de acordo. Quando não têm sabedoria para esperar, essas mulheres procuram logo quem aceite as opiniões delas e acabam com um prejuízo tremendo. E as consequências são seríssimas.

Essas mesmas mulheres não suportam qualquer situação de reviravolta com o corpo, por estarem tão contaminadas por dentro, desesperadas para uma transformação por fora, que não aguardam com cautela uma mudança positiva. Acabam, então, se mutilando e se transformando em verdadeiras aberrações.

O amor por nós mesmas nos faz triunfar em tudo o que fazemos, mas ele tem que estar em nosso interior. Quando você se ama do jeito que é, vai amar qualquer um. Toda mudança é sem abuso, sem soberba. O amor encobre as imperfeições. Pode até enxergar seus defeitos e os dos outros, mas isso não a impede de amar.

Vamos falar agora um pouco sobre a vaidade e seu significado. Vaidade é algo vão, vazio, falso e sem valor. Uma pessoa vaidosa cria uma imagem falsa, muda o que for no exterior, com o objetivo de atrair admiração, elogios. Ostenta ser o que não é, de uma maneira exagerada. O amor não comete exageros. É muito comum as pessoas associarem vaidade à beleza, confundindo quem se cuida com indivíduos presunçosos, pretensiosos e esnobes. Isso acontece por não conhecerem o significado verdadeiro da palavra.

Não vamos confundir vaidade com arrumação por meio de maquiagem, banhos, adornos e enfeites. Muitos acabam pregando algo que não é verdadeiro. A vaidade é um apelo exagerado no que é vazio, fútil, que não vai dar em nada. Cuidar da aparência faz parte da higiene, mudar algo porque está demais, ou está atrapalhando, é amar-se.

A vaidade não se refere a alguém querer embelezar-se, ir a um cabeleireiro, a uma clínica de estética, a uma loja comprar sapatos e roupas. Isso faz muito bem, essa produção está inserida em amar-se. Quando nos amamos de verdade, não nos firmamos em algo vazio, mas nos cuidamos. A vaidade cria pessoas ocas por dentro, orgulhosas por fora, cheias de autossuficiência. Há uma diferença enorme entre o amor e a vaidade. O primeiro tem suas raízes no que é verdadeiro, de valor, e o segundo é preso naquilo que é ilusório. Tudo o que fizer com você, ultrapassando os limites, a torna ilegítima.

Famílias se desfazem por mulheres vaidosas ao extremo, egoístas, que se adoram mais que tudo e todos. Já mexeram tanto no corpo, no rosto, que não há mais nem de onde tirar carne para enxertos. Até das nádegas já tiraram para colocar no rosto. São tão exageradas sem amor prudente, que acabam de colocar silicones no seio e já querem aumentar de novo porque não obtiveram um resultado satisfatório. Além disso, são tão fúteis que não deixam ninguém vê-las sem maquiagem, porque nunca mostram o seu original, só o modificado.

No livro de Eclesiastes 1:2 lemos: "Vaidade de vaidades! – diz o pregador, vaidade de vaidades! É tudo vaidade".

Quem escreveu o trecho referido foi o rei Salomão, que tinha muitas riquezas, era dotado de uma beleza surpreendente e possuía terras, empregados, mulheres. Quando ele chegou ao final da vida, percebeu que tudo era vaidade, porque seus dias passaram como um sopro.

O livro de Eclesiastes fala muito sobre vaidade pela experiência do rei Salomão, que entendeu que não devemos colocar nosso coração em falsas esperanças, em enganos. Em minha área de trabalho, me deparo muitas vezes com pessoas que não dão um passo se a beleza não vier à frente. A beleza tem que vir de dentro, para ser belo verdadeiramente.

Caia na real! Faça tudo com moderação e não altere demais sua forma original. Você é criação de Deus. Deus é amor e, por ser perfeito, o amor é Sua essência. Quando se ama está declarando ao seu Criador que está contente com a obra de Suas mãos. O amor fingido, apegado no que é falso, no vazio, naquilo que vai passar, é vaidade.

Todo excesso é vaidade, e toda vaidade em excesso gera idolatria.

CAPÍTULO 21
DETOX, O ACLAMADO

Ao escrever este livro, percebi que a onda do momento é o detox.

Muito líquido verde, couve – que é um desintoxicante natural –, frutas, gengibres e muito mais.

Detox é aclamado porque virou uma febre. Revistas, livros, documentários, programas de televisão estão falando dele.

Todos entraram na onda do detox. Isso acaba sendo muito bom, porque se resgatam muitas verduras e ervas usadas de outras maneiras pelas pessoas mais velhas.

O que é então esse detox?

De uma maneira bem resumida, ele é um agente de limpeza, aquele que vai remover as impurezas do corpo, às quais chamamos de toxinas, que vão se acumulando em nosso organismo por má alimentação, maus hábitos, consumo de bebidas alcoólicas, fumo, ou por fatores ambientais, como a poluição. Tudo isso acaba sobrecarregando o corpo de impurezas, de agentes oxidantes, que chamamos de toxinas, provocando o envelhecimento das células.

Essas substâncias tóxicas acumuladas fazem muito mal ao corpo, e precisam ser removidas. O detox, então, faz uma faxina em nosso organismo.

Como já dito, essas toxinas prejudicam nossa saúde e bloqueiam o corpo de fluir normalmente. Talvez você ouça a palavra desintoxicar em vez de destoxificar. Na verdade, ambas querem dizer a mesma coisa: eliminar as toxinas do metabolismo corporal. A maneira mais correta para os especialistas da área de Nutrição, porém, é destoxificar. Vamos lembrar que desintoxicar é retirar do organismo o efeito de algo tóxico para ele, aquilo que trouxe uma intoxicação. Talvez você se lembre de alguém que se intoxicou com algum alimento, ou remédio. Quando isso acontece, é preciso tomar urgente uma injeção contra toda essa reação alérgica para que ocorra a desintoxicação.

O detox funciona deste jeito: nosso corpo fica cheio de toxinas, que trazem um mau funcionamento para o organismo; então, precisamos acelerar a retirada desses agentes causadores para que tudo funcione bem. O detox tem como benefícios eliminar toxinas, ajudar a desinchar, gerar a satisfação, controlar o excesso de gordura no sangue, bem como do colesterol ruim, fortalecer o sistema imunológico, melhorar o intestino e auxiliar a emagrecer. Ele traz, portanto, mais saúde e disposição para seu corpo.

Que tal desintoxicar sua alma?

Existe uma máquina dentro de nós que bombeia nosso sangue, levando-o para o corpo inteiro, que, quando está intoxicado, adoece nossa alma. Seu nome é coração, no qual guardamos sujeira acumulada, como as toxinas. Ele bombeia para todo o nosso ser toxinas nocivas para a alma.

> "Porque do interior do coração dos homens saem os maus pensamentos, os adultérios, as prostituições, os homicídios, os furtos, a avareza, as maldades, o engano, a dissolução, a inveja, a blasfêmia, a soberba a loucura. Todos esses males procedem de dentro e contaminam o homem" (Mc 7:21-23).

Revelador, assim como todo o nosso ambiente externo, leva toxinas para o nosso corpo, e esse monte de sujeira no coração carrega impurezas à nossa alma. Nosso coração é muito enganoso. Nele, sabemos o que queremos; nele, planejamos o bem e o mal. Pensamos com ele, duvidamos com ele, cantamos com ele, amamos ou odiamos com ele. Já avaliou quanta sujeira há acumulada em nosso coração?

O coração é o centro da nossa vontade, mas ele é mentiroso demais, e, dependendo do seu estado, demonstramos a saúde de nossa alma, porque normalmente falamos daquilo que o coração está cheio. Todas as ações do nosso coração envolvem a mente. Um coração pode ser alegre ou triste, medroso ou ousado, humilde ou soberbo, estar em paz ou perturbado. Todas essas ações vão irradiar para fora.

Existem corações tão endurecidos, e por isso tão doentes, que exalam toda a sujeira para fora, contaminando a todos. O coração pode ser seu pior inimigo, e é você quem escolhe o que quer ter dentro dele.

Um coração soberbo vai exalar a toxina do orgulho para todo lado, irá adoecer seu corpo e, no final, terminará os dias sozinho. Um coração invejoso nunca conseguirá relacionar-se com ninguém, e distribuirá toxina de crítica a todos. Um coração cheio de mágoas, ressentimentos, rancores e tristezas espalhará a toxina desses agentes com muita falta de amor.

O rancor, a mágoa e o ressentimento matam, fazem apodrecer os ossos.

Um coração alegre vai contagiar todo o seu ser e quem estiver ao seu redor.

Devemos avaliar que tipo de emoção temos guardado em nosso coração.

Há muitos corações neste mundo que precisam de cuidados especiais, que precisam ser desintoxicados.

Existem tantas pessoas preocupadas em desintoxicar o corpo, porém se esquecem do que realmente têm guardado dentro de si: sentimentos tão ruins, que prejudicam toda a sua vida e a dos outros também.

Para o detox do corpo, você ingere os líquidos verdes que vão diluir toda a sujeira e expulsá-la do corpo por intermédio da urina. Para o detox do coração, você deve utilizar a pureza. Quando falamos em pureza, as pessoas logo pensam em privação, mudança de comportamento, e pensam até em fazer "cara de santo". Não é nada disso! Estou tratando de algo mais profundo: não pensar mal, não julgar tudo o que vê, não absorver coisas ruins. Assim, não encherá de impurezas o seu coração e a sua mente.

Puro é algo que não foi contaminado. Aquele que consegue ser puro num mundo ruim vai abrigar em seu coração coisas boas e agradáveis. Em suas bem-aventuranças, Jesus declarou: "bem-aventurados os limpos de coração, porque eles verão a Deus" (Mt 5:8). Estes procuram, na pureza, tomar iniciativas diferenciadas modificadas para o seu interior, mente, emoções, vontade.

Não adianta limpar o exterior do copo se mantiver a sujeira dentro dele. O assunto em questão é limpeza por meio da desintoxicação. Quando a pureza entra no coração, o que é imundo tem que sair, assim como o suco verde (detox) expulsa para fora as toxinas do corpo.

Já vimos que toxinas contaminam nosso corpo, assim como as impurezas contaminam nossa alma. Entendemos que de dentro do coração procedem as coisas ruins, as atitudes más. No entanto, quando deixamos a pureza nos invadir como numa limpeza, seremos abençoadas. A questão, porém, é: como manter um coração puro num mundo tão contaminado?

A resposta está em Deus. Por Ele é possível enxergar pureza em um mundo de caos. Repare em nossa sociedade de hoje, que também precisa ser desintoxicada. Nela encontramos as pessoas desconfiadas, andando velozmente, muitos relacionamentos desfeitos... Raridade é encontrar amigos verdadeiros. Se você tem algum, possui um tesouro. É cada um por si. Ninguém se preocupa com o próximo. As crianças estão crescendo desorientadas, porque pais deixam a mídia ser sua babá, e adolescentes, por falta de carinho em casa, tentam chamar a atenção por meio de estereótipos estranhos. Jovens, por falta de amor, fazem da rua sua moradia, entram em vícios, acabam roubando, se tornam violentos. Idosos são largados, pois ninguém tem paciência com eles. E a erotização e a sensualidade exacerbadas impregnam toda a nova geração desde pequena. Isso é o caos.

Poderia citar inúmeros exemplos de corações contaminados por sujeira, que acabam se estendendo e corrompendo todo o sistema.

São situações que geram muitas emoções dentro de nós, nos deterioram, nos despedaçam, nos reprimem, como uma "caixa de Pandora" pronta a se abrir e espalhar toxinas do mal por todo lado.

Sempre que perceber uma toxina, uma impureza querendo se alojar em qualquer circunstância, exercite a palavra que está em Filipenses 4:8: "Quanto ao mais, irmãos, tudo o que é verdadeiro, tudo o que é honesto, tudo o que é justo, tudo o que é puro, tudo o que é amável, tudo o que é de boa fama, se há alguma virtude, e se há algum louvor, nisso pensai".

Note o que o texto diz, num exemplo bem simples: agir de forma diferente. Procure ser amigo verdadeiro, olhe para o próximo com justiça, ajude o idoso com amabilidade, diga não à erotização, não deixe a ruindade da situação afetá-la, contrarie.

Aquilo que você deixar aprofundar-se por dentro vai sujar o seu coração, contagiando todo o seu interior.

Hoje, com esta leitura, você conheceu um agente de limpeza que pode fazer uma excelente obra de higienização. Tudo o que procede da pureza gera vida, e tudo o que procede da falta dela gera morte, daí o caos. Vamos lutar para uma desintoxicação geral, lembrando que dentro da pureza cabem amizade, amor, companheirismo, ajuda, hospitalidade, benignidade, bondade, mansidão, domínio próprio, fruto de um Deus que é puro.

Vale repetir, portanto, que a operação limpeza começa por dentro. Se cada um fizer sua parte, vamos contribuir para um mundo melhor.

Desintoxique por dentro e por fora e tenha um corpo limpo e um coração puro.

CAPÍTULO 22
PONTE PARA O EXAGERO

Neste capítulo vamos falar de uma situação que realmente tem sido um caminho para absurdos.

Pontes são caminhos que nos levam a algum lugar. Existem pontes benéficas e pontes maléficas. Há caminhos criados pelo homem, que o levam à destruição, assim como existem caminhos que são para construção e vida. Neste caso, a ponte referida se chama idolatria, que é amor excessivo, exagerado; é prestar culto a algo.

A idolatria tem sido uma ponte para o exagero. Seu caminho é maléfico porque tudo o que é demais não faz bem. Considerada também uma paixão cega por alguém ou alguma coisa, seria um ato de adoração para aquilo que você venera. Todos nós nascemos com um objetivo nesta terra, e sentimos a necessidade de nos apegar em algo ou alguma coisa. Há muitas mulheres e homens também prestando cultos a si mesmos de formas exageradas.

Devemos prestar culto somente a Deus, que nos dá vida, o presente da vida. Ele deve ser adorado por tantos benefícios que nos tem feito. Se não fosse por Ele, você nem existiria. No entanto, não é o que tem acontecido com o mundo de hoje. As pessoas vivem numa sociedade consumista e de aparências e têm idolatrado seus corpos, seus rostos mais do que tudo na vida.

Neste livro, a beleza está descrita de muitas formas benéficas. Não é o caso da idolatria, que nos consome tanto a ponto de não termos mais forças para nada, só para adorar a nós mesmas. Como tudo não permanece perfeito, podemos entrar em tristezas e depressões terríveis, porque apenas prestamos culto ao nosso corpo.

Existem verdadeiros monumentos exteriores vivendo nesta terra, nos quais, se pudéssemos exteriorizar seu monumento interior, veríamos os mais estranhos seres já existentes.

Devemos ser rigorosas com nossa beleza sim, mas lembre-se de que ela tem que vir de dentro.

Se vamos fazer um trono em nosso coração, que o façamos para Deus, e não para o nosso eu, passando uma vida inteira arrumando o exterior para, no fim dos dias, estar com um coração terrível em adoração excessiva no exterior.

Engraçado que tudo termina no coração e com o que há dentro dele. Vale ressaltar que é dele que procedem as saídas da vida.

Voltando à palavra idolatria, outro homem cheio de Deus nos deixou um conselho: "Portanto, meus amados, fugi da idolatria" (1Co 10:14).

Esse homem sabia muito bem como Deus abominava a idolatria, porque existem outros versículos declarando esta questão. Deus, que é conhecedor de tudo, entende que, quando nos curvamos a qualquer outra coisa como um deus, não O amamos.

Como num comando, então, aparte-se, pois a idolatria é perigosa. No popular, saia dessa.

Muitas pessoas querem ser adoradas pelo seu corpo, então a disputa está grande demais: no mercado, nas ruas, nas lojas, nas academias... Nessa corrida desenfreada por esculpir-se e erguer-se como um ídolo, acabam se perdendo. Na verdade, admiro quem tem o desejo de se cuidar, em qualquer idade. Colorir os cabelos, esmaltar as unhas, fazer drenagens, tirar aquela gordura localizada na barriga ou em outros lugares, deixar tudo arrumado é bom, mas não para ser adorada. Essa não deve ser sua intenção primordial. A idolatria, esse amor cego por você mesma, traz sérias consequências para sua saúde física e mental. Ela a prende e faz as pessoas se afastarem de você. Sua amplitude de pensamentos diminui, porque seu foco passa a ser só a adoração do seu exterior. Subentende-se que somos todos escravos daquilo ou Daquele a que servimos.

Esse "deus" que você criou dentro de você mesma não é digno de adoração, porque tem um tempo determinado. Ao contrário do Deus eterno, sua robustez não dura eternamente.

Esse Deus Eterno, que concebeu seu interior com todas as emoções, sentimentos, e também seu exterior, com todas as suas características genéticas, é digno de ser adorado, pois Nele consiste a verdadeira vida, a qual você tem desperdiçado, cultuando a si mesma.

Ter um corpo alinhado faz parte do nosso cotidiano. Se é o que vai fazê-la bem, ótimo. No entanto, fazer do seu corpo ou do seu rosto um deus não é louvável.

Observe os caminhos pelos quais você tem andado. Já existem deuses demais para você continuar com esse deslumbramento por seu exterior, com essa adoração falsa.

Você não deve gloriar-se porque tem um corpo escultural, e exigir mais e mais de sua aparência. Muitas vezes você já chegou ao limite.

Preste atenção ao espelho e olhe em seus olhos, que são janelas para sua alma. Verifique como está por dentro.

Repare que já se tornou escrava de você mesma. Essa ponte que a levou ao exagero, à idolatria, pode estar quebrada no meio, não dando acesso para a volta. Imagine-se atravessando uma ponte. Quando chega do outro lado, ela se parte ao meio, e você não vai ter como voltar!

Alguns pais querem fazer de seus filhos ídolos, os quais viram o exemplo das imitações dos bonecos Barbie e Ken. Que mundo é este?

O que será da mente dessas crianças, do futuro delas, quando elas crianças crescerem? Dinheiro não compra alegria interior, satisfação interior.

Muitos já gastaram tanto para esculpir o corpo, mas, quando deitam a cabeça no travesseiro – aquele lugar em que se encontram com eles mesmos –, percebem quão infelizes são. Esse amor cego não os deixa enxergar ao redor.

A lipoescultura é excelente se você não for escravo dela. Existem muitas pessoas obesas de palavras, de atitudes, e anoréxicas, magrelas de sentimentos.

Todo o tratamento estético, do menor ao maior, deve ser temperado. Adoração a você mesma leva a uma cobiça doentia.

Deus é tão sábio, que em seus mandamentos deixou a seguinte lei: o único ser na terra que deve ser adorado é Ele. Talvez por não amá-Lo e não reconhecer a Sua autoridade, isso fique difícil demais para você entender. No entanto, para quem O conhece, compreende a importância desse ato de cultuá-Lo, admitindo o poder que Ele tem sobre nossa vida.

Você, que tem se apoiado em seu exterior, qual controle há em suas mãos?

Quem garante que daqui a um segundo você levantará? E se esta noite pedirem sua alma? Como ela está por dentro? O que tem para apresentar?

Se você tem adorado uma imagem que produziu neste encantamento em que está, e criou uma expectativa de satisfação, afirmo com toda segurança: ela é temporária, passageira, porque nossa vida é assim.

Quer um exemplo? Mesmo com esse exterior perfeito aos seus olhos, aposto que já ficou doente, que já precisou de um médico, de um hospital, mesmo que para um simples resfriado. Somos assim, nascemos como uma flor e murchamos como ela também.

Admita se for o caso. Depois de toda esta leitura, você percebeu que tem tratado de fora, mas, quando olha para dentro, há tantos sentimentos terríveis, como ódio, fingimento, falsidade, lascívia, desejo descontrolado, inveja, veneração. Então, volte-se para Aquele que é único. Nunca houve e jamais haverá alguém como Ele, que pode garantir sua existência na Terra.

O fato de Ele tê-la criado já merece sua adoração. O caminho de idolatria só vai levar você à destruição, porque uma hora não vai ter mais onde fazer ajustes, consertos, e isso acaba terminando em frustração e decepção.

Viva cada momento, como já escrevi em capítulos anteriores, cuide-se, arrume-se. Isso faz parte da vida. No entanto, pare de se idolatrar.

Você não é melhor que ninguém e Aquele que a criou não fica feliz de ser colocado de lado, em segundo plano.

Essa soberba de paixão cega não leva a nada. Considere os outros melhores que você, independentemente de sua forma física.

Olhe para trás e enxergue como foi criada. Verifique que há pessoas que podem não ter a visão que você tem, ou uma perna ou um braço, mas que vivem bem mais felizes que você.

Elas entendem que existe um lugar melhor a ser tratado, e esse lugar é o que somos por dentro, o nosso espaço interior.

Precisamos reformular o que está por dentro. Por exemplo, a escultura de amor verdadeiro nota que o amor segue uma ponte diferente da vaidade e da idolatria.

Já falei em capítulos anteriores sobre o amor. Este, quando genuíno, realmente não se ensoberbece, e não quer tirar jamais o lugar de Deus.

O amor e a idolatria vivem em mundos bem diferentes. O primeiro não tira proveito de nada, e de ninguém, não prejudica a si mesmo nem aos outros.

Quem ama verdadeiramente não tem tempo para adorar-se, é dotado de uma grandeza por dentro que irradia para fora, e ainda assim vai considerar os outros maiores que ele, entendendo que depende de um Ser maior para todas as coisas.

O idólatra vive num mundo só dele, cuja adoração e cuja atenção são só para ele, acabando cercado de gente fingida que o suporta, o tolera, por algum benefício. Quando toda a glória dele cair, todos vão embora, e ele estará só num mundo que criou para si próprio.

Não caia nesta armadilha, ela é uma prisão terrível, cujo final é a morte certa. Saia disso, viva intensamente, ame-se, para poder amar aos outros também. Lembre-se do que já foi dito: só podemos dar aquilo que temos.

Um idólatra está cheio dele, vive por ele, do seu jeito, e nunca vai poder dar nada a ninguém. Idolatria e escravidão seguem o mesmo caminho. Se é escravo, não é livre. Viver aprisionado por alguém ou alguma coisa é ruim. E seu tempo por aqui passa muito rápido.

As escrituras dizem em Salmos 90:10: "A duração da nossa vida é de setenta anos, e se alguns, pela sua robustez, chegam a oitenta anos, o melhor deles é canseira e enfado, pois passa rapidamente, e nós voamos".

Com tanta velocidade assim, para que trilhar esse caminho? Siga o conselho do apóstolo Paulo e fuja da idolatria.

Deuses criados por homens envelhecem, porque estão no exterior, mas homens dirigidos por Deus no seu interior não envelhecem jamais.

Vale lembrar que jamais conseguirá se contentar sozinha. Sempre precisaremos de alguém completo para nos preencher por inteiro, e o único ser completo que existe é Deus.

Nossa vida é um tesouro, uma dádiva, um presente. Não é possível dar replay nela. Então viva direito. Deus quer levá-la por novos caminhos, e as pontes que você pode atravessar com Ele são de alegria, satisfação, paz, ânimo, saúde, as quais não a levarão para exageros, mas para uma vida de sabedoria.

Tire você do foco. Coloque Deus em primeiro lugar. Ele pode conduzi-la pelos mais excelentes caminhos, e tudo irá bem para você.

CAPÍTULO 23
SUPORTE X DEPENDÊNCIA?

Vamos a mais um título de esclarecimento, assim como amor, idolatria, caminhos e retornos. "Suporte e dependência" abrirá mais uma janela em seu cérebro, que a ajudará no bom andamento do cuidado com seu interior.

Se dentro estiver andando bem, fora estará também.

Falemos do primeiro termo, o suporte, que significa base, apoio, auxílio. Refere-se, também, à beleza.

Devemos usar esta ajuda, este suporte, daqueles que nos amam verdadeiramente, de maneira equilibrada.

Tudo neste livro foi escrito para clarear sua mente e ajudá-la a viver melhor. Assim como o suporte a ajuda, a dependência pode prejudicá-la, como no caso da idolatria, que normalmente declara-se inimiga do nosso ser.

O que se idolatra depende de manter em dia com tudo o que acha necessário para sua adoração. Assim, o que é dependente vive precisando da opinião dos outros para se firmar.

Nesse caso, ele já não faz o que lhe agrada, mas está sempre agradando a outros.

Todos são caminhos prejudiciais: depender de si mesma numa adoração desvairada e cega, ou depender do que mandam você fazer.

Em ambos os casos, deve haver um equilíbrio. E não confunda com uma autoridade colocada em sua vida, da qual você deve acatar ordem expressa. O assunto aqui em questão é beleza, arrumação, cuidado. No caso da dependência, o que encontramos para sinônimo é subordinação, servidão, que em excesso podem trazer danos irreversíveis.

Existem por aí homens e mulheres servindo a outro, em sistema de regime, o que significa se sujeitar a fazer o que o outro quer, como corte de cabelo, cor de roupa, cor de batom, tipo de sapato.

Note bem, quando uma mulher está segura, ela chega ao salão com uma ideia, pede sugestão para seu cabeleireiro, e entre as duas partes há um consenso, o que faz do profissional um suporte para o seu bem-estar.

Quando há essa harmonia, o sucesso do trabalho é garantido. Já atendi mulheres dependentes da opinião opressiva de seus maridos ou namorados. Estou deixando bem claro: "opiniões opressivas". Opiniões sugestivas e elogios são muito bem-vindos e ajudam bastante na decisão do que vai ser feito. Acredito que todo elogio acrescenta muito a qualquer pessoa, faz bem por dentro, e ela desabrocha por fora, irradiando gozo e contentamento.

Maridos e namorados que oprimem, com autoritarismo, qualquer mudança que sua companheira queira fazer, como cortar os cabelos, usar determinado tipo de roupa, fazem com que ela viva sufocada numa dependência nociva e nunca toma decisões para se sentir bem.

Maridos e namorados, assim como os pais, devem ser suporte e dar apoio aos gostos e desejos daquelas que vivem com eles.

Atendia a uma cliente em meu salão que tinha verdadeira fascinação pela cor vermelha. O marido dela, por sua vez, a proibia de usar essa cor, dizendo que só prostituta pintava o cabelo de vermelho e que não ia sair com uma mulher assim.

Em minha opinião, isso é um absurdo. E, por ser "proibido", só despertava nela o desejo de usar o vermelho. Não a encontrei mais, mas aposto que, se ela já realizou o desejo de usar algo vermelho, deve ter ficado exuberante no seu estilo, porque dentro dela já havia um colorido de felicidade.

Outro exemplo que cabe nesta situação é o de uma jovem tão insegura em tudo que ia fazer que eu, como profissional, ficava atada, porque não queria ultrapassar os seus limites. Ela era tão criticada pelos pais, desde a infância, que não se sentia segura em nada que fazia. Mudanças? Nem pensar. Dizia que tudo o que fazia, até as coisas maravilhosas, eram criticadas por eles. Então, para não ouvir qualquer palavra contrária, preferia não arriscar. Até para cortar as pontas dos cabelos era uma dificuldade imensa. Tínhamos que ir com muita cautela, e trabalhando seu psicológico. Quando eu terminava, nem víamos seu cabelo no chão. Ela olhava, mexia e comentava com aquele ar de insegurança: "Minha mãe vai criticar e dizer que cortei muito". Note o exagero. Isso é uma dependência que não faz bem. Seus pais deveriam ser o suporte, a ajuda, o auxílio para o seu bem-estar.

Os pais, portanto, devem elevar a autoestima de seus filhos desde pequenos, com elogios e palavras que produzam vida, e não morte. Essa jovem que conheci era viva, estava na idade da força, que é a juventude, mas sentia-se atada, dependente da opinião negativa de pessoas que deveriam ser seu maior suporte.

Quanto aos filhos, estes devem ser obedientes aos pais, cuja opinião é de muita importância para formar todo o retrato mental de cada indivíduo. Quando o bebê sai da barriga da mãe, que é o mundo em que vive por nove meses, seu primeiro contato com o exterior é com os pais. Normalmente, aqueles que recebem apoio desde a infância têm um interior pleno, o que renova sempre seu exterior.

Pessoas que desde a infância são escravizadas por sentimentos ruins e palavras de morte, por sua vez, viram dependentes, sujeitas as opiniões e acabam manipuladas, nunca fazendo a própria vontade.

Dependência demais estraga. Equilíbrio é a resposta. Suporte conserta, traz apoio e segurança.

CAPÍTULO 24
A BELEZA DA CASA

Acredito que, em todos os capítulos anteriores ficou bem claro para você, que somos o que vive dentro de nós.

Existe um espaço interior, ou um mundo interior que pode operar totalmente diferente do exterior.

Lembre que tudo o que processa dentro de você, move o que há por fora. Imagine se existisse uma máquina mostrando imagens claras de sua alma, tal qual o equipamento de ressonância magnética. Acredito que muitos seres ruins, violentos, maus, agressivos, verdadeiras feras, seriam produzidos nessas imagens.

A casa é uma boa representação que demonstra com clareza nossos mundos dentro e fora, e também possui dois ambientes que denotam bem a comparação entre nosso corpo e nossa alma.

Faça uma análise agora da casa em que você mora. Visualize cada cômodo. Quando estão todos bagunçados, sua reação é arrumá-los imediatamente. Entende que não adianta organizar, pintar, decorar por fora, e deixar por dentro uma desordem?

Estabeleça um princípio para arrumação e comece a pôr em ordem tudo o que está fora. Tenha a consciência de que para viver bem no lugar que habita, em que come e dorme, ele tem de estar organizado. Certa vez, passei por uma situação que exemplifica o que estamos tratando. Com uma vida muito corrida - trabalho, igreja, eventos -, não conseguia organizar minha casa. Se por dentro estivesse tudo organizado, cheiroso, limpo, geraria paz e melhoraria até o que não estava em perfeitas condições na sua aparência externa.

Vemos também hoje muitas pessoas assim. Elas consertam tudo no seu corpo físico, que é a casa externa, e esquecem-se do seu corpo espiritual, que é a casa interna. Baseada nesse princípio de casa física e casa espiritual, compreendendo a necessidade de ambas estarem bem.

Iniciemos um trajeto por todos os cômodos, aproveitando também para fazer uma boa faxina. Comece pelo quarto, lugar onde você dorme. É nele que estão seus pertences pessoais, que são tesouros... Tudo o que é intimamente seu está no quarto. Assim também acontece com seu interior.

No quarto interno, você guarda seus segredos mais íntimos, seus desejos mais profundos. Para limpar essa região, você deve olhar ao redor, trazer à sua memória os sonhos e desejos que já alcançou, assim como suas joias adquiridas. Você deve manter esse lugar de intimidade sempre limpo em ordem e harmonia. Como você guarda seus objetos pessoais, guarde também suas conquistas e sonhos em lugares organizados dentro desse cômodo limpo.

Dormir em uma cama suja é ruim, então você procura sempre trocar os lençóis, fronhas. Do mesmo modo, sempre o faça com seus novos anseios e sonhos, conquistando-os e renovando sempre.

Continuando o trajeto, vamos para outro cômodo, um lugar complicado. Todos temos em casa um cantinho, uma edícula ou um quartinho de bagunça. Cada um atribui o nome que desejar. Esse ambiente é aquele em que depositamos tudo o que não usamos mais. Levamos para lá o que está sobrando dentro da casa, e lá fica por anos. Com o passar do tempo, esse lugar torna-se inacessível. Não conseguimos nem entrar e não arrumamos forças para limpá-lo, de tanta bagunça acumulada. Lá existem coisas guardadas que não vamos usar nem em cem anos. No nosso espaço interior é assim também. Acumulamos tanto lixo em forma de sentimentos que os anos passam e percebemos que aquilo guardado só faz mal e não serviu para nada.

Nesse quartinho de bagunças, guardamos raiva, ressentimento, ira, decepção, frustração, depressão, tristeza, agonia, angústia, falta de perdão e muito mais. Há nele uma carga enorme em forma de desordem que causará um mal estar tão grande, que aparecerá do lado de fora da casa. Assim como entramos num lugar bagunçado e nos sentimos mal, quando olhamos para dentro e observamos esse monte de sentimentos guardados por tanto tempo, notamos uma confusão geral, uma sensação de embaraço.

Pessoas adoecem no seu corpo físico, no exterior, por causa de tanto lixo acumulado no seu interior em forma de sentimentos! Existem especialistas na área da Saúde que afirmam que o rancor, a falta de perdão e o ressentimento causam câncer, doença que tem consumido milhões.

Não seja um desses acumuladores de lixo. Se já acumulou, comece agora mesmo a organizar, com autocontrole, esse canto dentro de você. Elimine alguns sentimentos que estão conservados no seu íntimo há anos. Jogue-os fora, como faria para organizar a bagunça de sua casa externa.

Perdoe, ame, troque a tristeza por alegria, o desânimo pelo ânimo, dando uma cara nova para esse espaço.

Agora vamos aos corredores, lugares de passagem, uma analogia àquelas coisas que passam por nossa vida. Normalmente não temos problemas com esses lugares, justamente por não darmos tanta importância a eles. São situações que acontecem diariamente. Nem dá tempo de registrar na memória. Imagine se você fosse processar todas as vezes que vai ao mercadinho da esquina comprar coisinhas apenas para o momento, e não para o mês. Passamos pelos corredores, muitas vezes ao dia, pelo motivo de eles darem acesso a todos os cômodos.

Mesmo assim, vigie, para que algum acontecimento não tome importância demais e tire a paz daquele dia, marcando-o de alguma forma indevida. É como colocar uma prateleira no corredor e nos esquecermos de arrumá-la. Quando damos conta, acumulamos erros. Se isso acontecer, lembre-se de que ali não é lugar de armazenar coisa alguma, mas lugar de não ter nada atrapalhando. Tire a prateleira de lá, assim como os acontecimentos, e não deixe tomar volume. Vamos deixar os pensamentos e os corredores livres.

Siga para os outros cômodos.

O banheiro é lugar de higiene pessoal. Não se toma banho coletivo, não se entra no banheiro em conjunto.

Cada um deve ter seu momento para higienizar-se. Depois de um dia de trabalho, como é gostoso chegar em casa, tomar um banho, lavar o cabelo e deixar a água cair para relaxar. Normalmente, o chuveiro é um amigão. Muitas pessoas, na hora em que estão no banho, choram sozinhas suas decepções, ou relembram suas conquistas, fazendo do momento uma terapia.

Faça isso com o seu interior também. Assim como você separa um momento para o banho, sente-se em um lugar, coloque uma boa música, como se fosse a água caindo do chuveiro, e deixe que ela lave sua alma, seus pensamentos, e relaxe. Lave tudo o que for ruim, não acumule sujeira. Ficar sem tomar banho dois dias é prejudicial, traz peso no corpo. Ficar sem higienizar a alma também pesa e faz mal para o seu ser.

A cozinha é lugar de serviço. Lavar, cozinhar, enxugar, guardar. Tudo o que fazemos para nosso espaço interior requer esforço também. É na cozinha da sua morada interior que você deve trabalhar o seu bem-estar. É nela que você prepara alimentos saudáveis, depois lava o que usou e guarda para deixá-la em ordem. Para sua cozinha interior, você deve trabalhar na preparação da leitura de bons livros, materiais que encham sua mente de tudo o que é bom. E elimine tudo que é prejudicial, como por exemplo, fofocas, alimento cheio de fermento, se ingerido em excesso, vai inchar e levedar.

Reclamação é muito gordurosa, entope os canais que trazem o agradecimento pela vida. Amar é alimento saudável, balanceado, e irá proporcionar saúde e conforto. Perdoar vai limpar seus canais e deixá-los livres para uma boa oxigenação. Poderíamos aqui usar muitos alimentos para exemplificar. Não ingira o que não for saudável, nem para o corpo nem para a alma, se quiser ter boa saúde.

A sala de visitas é um lugar de diversão e entretenimento, onde nos reunimos com a família, amigos, nos divertimos ao assistir a um bom filme, desenho ou documentário. No seu espaço interior acontecem aquelas lembranças boas, aquelas que nos dão prazer.

Como é bom quando recebemos em casa uma visita que amamos, quando assistimos a um programa que nos diverte, nos faz rir. É na sala que guardamos tudo o que é bom dos acontecimentos em nossa vida, ou aqueles que chegam para nos visitar e nos trazem tantas alegrias. Podem ser empregos novos, viagens, promoções, encontros, pessoas que passaram por nós e marcaram com sua presença, que nos deixaram saudades, ou até mesmo músicas que marcaram uma geração.

Aposto que neste exato momento você está pensando em tudo isso.

Em contrapartida, há aqueles que nos marcaram negativamente, assim como músicas que trouxeram marcas de tristezas, as quais normalmente não guardamos na sala de visitas; prioritariamente, já estão acumuladas lá no canto da bagunça, pesando e muitas vezes fazendo-nos parar.

Na sala habita tudo aquilo que trouxe delícias para o seu ser, como nascimento de um filho, formação ou graduação de um nível, batismo, casamento e tantos outros. Visite sempre sua sala de estar e a mantenha em ordem, aguardando um novo acontecimento.

Você pode notar que eu falei de uma casa, com seus cômodos principais. Poderia até estender incluindo outras acomodações, mas estas são as essenciais para um bom desempenho de mudança, Arrumando esses cômodos, os outros vão andar em conformidade também.

Resumindo, você deve prosseguir da seguinte maneira para realizar a faxina e a organização de sua casa externa e interna.

Comece pelo quarto. Mantenha organizada sua intimidade. Bons tesouros são escondidos num lugar secreto; se expostos demais, podem ser roubados.

No quartinho ou no canto da bagunça a limpeza deve ser maior, então não deixe nada acumulado. Não tenha dó, jogue tudo no lixo. Lugar de lixo é no lixo.

Toda sujeira que se acumula e faz você paralisar deve ser removida e organizada. Tristeza, desânimo, agonia, medo, raiva, rancor acumulam e ocupam espaços enormes, enchendo o cômodo e depois se espalhando por toda casa.

Limpe, dispense, jogue fora. Esse deve ser um lugar a ser visitado regularmente para não acumular. Excessos nunca fazem bem.

Mantenha os corredores arejados, circulando ar, e renovando sempre.

Divirta-se na sala de estar. A vida é feita para ser marcada por grandes momentos.

Para higienizar-se, procure separar momentos diários, assim como você toma seu banho todos os dias.

Trabalhe para o seu bem-estar. Se não lutar por você, ninguém o fará. Ser feliz não depende dos outros, mas, sim, de nós. Normalmente, colocamos nossa felicidade nas mãos dos outros, nos apegamos a alguém e confiamos demais. E, quando menos esperamos, temos uma grande decepção com esse alguém, que pode ser um esposo, namorado, companheiro, família, um grupo de uma determinada sociedade, amigos de escola, amigos de infância... eu não sei. Normalmente acontece assim: depositamos uma quantidade exagerada de confiança em alguma pessoa, e de repente, quando mais precisamos, levamos um golpe duro. Desprezo, ingratidão, indiferença... Somos deixadas de lado. E são essas situações que tornam a nossa casa uma bagunça.

Há pessoas difíceis de lidar, que são tão orgulhosas, arrogantes, prepotentes, mantendo um sorriso falso no exterior da casa. Se olharmos por dentro, porém, a casa está necessitada de uma faxina urgente. Ninguém pode lutar suas batalhas. Quando colocamos nossa felicidade na responsabilidade de outros, nos decepcionamos. As pessoas não agem como queremos, assim como nós não agimos como elas querem.

Trabalhe, lute por você, custe o que custar. Aproveite os bons momentos da sala. A cada dia temos uma nova chance para fazer certo. Vamos viver bem. De repente, você poderia ter feito algo hoje, mas deixou a oportunidade escapar. Tente outra vez. Ficar lembrando-se do que não fez ou do que fez de errado não vai ajudá-la em nada. O passado não volta mais, e recordar-se dele causa tristeza, que se torna depressão. O futuro ainda não chegou, e ficar preocupada em excesso causa ansiedade, o que também não faz bem.

O hoje é dádiva de Deus, é presente para você. Todas as vezes que levantar da cama, viva com um propósito: ser bela por dentro e por fora. Este é o seu tempo. Cada segundo do relógio que passa não volta mais, e os segundos que vêm depois ainda não chegaram. Então perceba que há ar nos seus pulmões, viva e lute para realizar seus sonhos.

Se lhe faltarem forças e sentir que não dá mais, lembre-se de pedir ajuda para alguém que a ama, do jeito que é ou está, e que nunca vai negar a você amor, cura, ânimo. Esse alguém é Deus.

Lembre-se de que as pessoas não podem dar aquilo que não têm. Não direcione seu pedido de ajuda a um ser humano, porque nem sempre ocorrerá da forma desejada.

Encaminhe toda a sua esperança para Deus. Nele você pode depositar sua confiança, seus maiores temores, erros e acertos, não em homens ou mulheres que com certeza vão falhar. Está escrito assim: "A minha carne e o meu coração desfalecem; mas Deus é a fortaleza do meu coração e a minha porção para sempre" (Sl 73:26).

A carne mencionada no versículo descrito é o seu corpo físico, o externo da casa, e o coração é o interior, o que está dentro da casa.

Ainda que ambos venham a desmaiar, por acontecimentos inesperados, se Deus estiver fazendo parte disso, você será fortalecido para levantar.

Deixe Deus ser sua porção, e manterá sua casa interna e externa arrumada com muita beleza, por toda a sua vida.

CAPÍTULO 25
ORGANIZE-SE

Para toda organização precisamos de ordem, disciplina. Só assim teremos bom êxito. Para fixar mais ainda a importância da limpeza interior, criei um método que tem por nome suas iniciais, formando então a sigla SOADA. Juntei as letras assim para facilitar sua memorização na hora de trabalhar.

Como já foi dito, o princípio para limpeza e organização é o mesmo em nossa casa física, a que estudamos com detalhes no capítulo anterior. Vale lembrar que não é suada de tanto esforço, mas soada no sentido de disciplinar, para ficar melhor. Para descontrair, a palavra descrita é soada e não suada.

O **S** quer dizer separação; o **O**, organização; o **A**, arrumação; o **D**, disposição; e o **A**, autocontrole. São cinco letras, bem fácil de decorar. Se executar esse princípio regularmente, manterá sua casa interior em ordem para ser admirada.

Mesmo após a leitura do capítulo anterior, pode ainda haver dúvidas. Por onde começar a faxina? Se seguir esta sequência de conselhos, você terá uma vida feliz e saudável. Se dentro estiver em ordem, isso vai transparecer por fora também.

Vamos ao significado de **SOADA**, então.

SEPARAÇÃO – Separe de todos os cômodos o que é útil e o que não tem utilidade nenhuma. Como já falamos em capítulos anteriores, existem sentimentos que nunca terão utilidade dentro de você, só poluem, enchem e fazem mal. Separe-os agora.

ORGANIZAÇÃO – Coloque todas as coisas no seu devido lugar. Ponha tudo o que você é, o que quer ser, o que já conquistou e o que quer conquistar. Talvez hoje você já esteja se olhando e dizendo: "Já não sou como antes". Talvez você nem se lembre mais de tantas conquistas que alcançou. Trazê-las à memória lhe dá forças para continuar, renovando a sua esperança para seus novos objetivos.

ARRUMAÇÃO – Arrume por prioridades. Existem coisas que devem ir para o arquivo morto, como machucados e ferimentos; outras têm o momento certo para ser usadas ou podem ser deixadas à vista para ser usadas diariamente como paz e bondade, porque passamos por tantas circunstâncias diferenciadas durante a vida que, sempre precisaremos delas. Amor, alegria, fé, devem ser usados diariamente. Em um dia só, subimos e descemos tantos degraus de situações que esses ingredientes nos ajudarão a superar qualquer coisa.

DISPOSIÇÃO – Ao seu dispor! Deve ser assim com sua casa interior, estar ao dispor para entrar em ação. Ânimo sempre, mesmo quando parece que não vai dar. Você se lembra do capítulo anterior? Ainda que o corpo e a mente desfaleçam, Deus é a sua fortaleza. Tire forças dessa fonte inesgotável. A disposição deve ter como aliada a perseverança, para que você não desista nunca.

AUTOCONTROLE – Este também é para todos os dias, porque manterá tudo em equilíbrio. Significa que você terá domínio da situação. Sua casa ficará em ordem, sob o autocontrole de mantê-la assim todos os dias. Sabe aquela vizinha que parece descontrolada acordando às três da manhã para limpar sua casa terrena? Ou então, quando você chega à casa dela, entra nos cômodos e tudo é tão bagunçado, que não tem nem coragem de tomar um café em sua cozinha? Quando a casa terrena está desordenada, essa pessoa está com problemas em seu interior. Nos dois casos, notamos que falta o autocontrole. E equilíbrio, muito usado em vários momentos da beleza interior e exterior, é o parceiro do autocontrole.

Se conseguir colocar **SOADA** em ação, a cada dia, terá uma casa com padrões excelentes por dentro e por fora, realmente algo de se admirar, notável para dar o que falar.

O que encontramos são casas destruídas. Ainda que se tente organizar por fora, por dentro parece mais prejudicada. Tente esse método, e será alguém para servir de exemplo. Memorize: Separação, organização, arrumação, disposição e autocontrole. Então, você terá uma casa interior equilibrada e uma beleza exterior para ser celebrada.

CONSELHO FINAL

O objetivo deste livro foi fazer seus olhos fixarem-se no que é mais importante, que é o interior, para que o belo que está por fora se manifeste.

Usei vários exemplos, palavras, situações, e de diversas formas chamei a atenção para o seu espaço interior. Dei várias dicas de como cuidar de você por dentro, sempre respeitando o trabalho dos grandes profissionais que nos auxiliam a cuidar do que está no externo.

Vivemos num mundo de aparências. Muitos estão escravizados por padrões que nunca vão alcançar, e quando alcançam, por meio da tecnologia avançada, acabam se tornando extravagantes e fora do padrão. Uma sociedade que valoriza demais o externo, mas que também tem o maior número de pessoas sofrendo de doenças internas. Há muitas rugas a serem removidas, mas muitos corações sem tratamento.

Sempre deixei claro nesta obra que de maneira nenhuma desvalorizo o trabalho de cada profissional relacionado, inclusive por eu ser da mesma área de atuação. Meu objetivo é melhorar nosso trabalho, visto que uma pessoa bem resolvida por dentro terá resultados maravilhosos por fora e, quando procurar qualquer profissional de estética ou de beleza, este só irá valorizar tudo o que ela já é no seu interior.

Como já dito, vi muitos se esforçarem para mudar tanto por fora! Quando não estamos bem conosco, acabamos colocando a culpa naquele que trabalhou em nós. Então, o cabeleireiro não sabe cortar nem fazer mechas, a manicure não trabalha bem, a esteticista o machucou, o cirurgião exagerou, e outras coisas do gênero.

Quando estamos bem por dentro, servimos de modelo para esses profissionais. Tive uma cliente cujo corte de cabelo todos queriam imitar. Quando fazia progressiva, ela emplacava. Várias clientes me procuravam por sua indicação, porque ela era feliz por dentro e, mesmo em meio a situações difíceis, mantinha-se equilibrada. Então, todo trabalho dava certo.

Em contrapartida, trabalhei em uma mulher que, quando fiz uma escova na época das progressivas e seus vários nomes (esta se chamava escova inteligente), todos diziam que a escova nela havia ficado burra, porque o cabelo estava feio. Reparavam em sua forma de se vestir, em como não se cuidava, em como se portava. Ela vivia mal-humorada e reclamava por tudo. O produto era o mesmo que da outra cliente, o cabelo teve todo o cuidado que merecia e eu me esforçava ao máximo para um excelente resultado. A questão toda, porém, não era essa. No final, era o mundo interior de cada uma delas que contava.

Você deve ser bonita não pelo seu rosto ou corpo. Isso será notado pela abundante beleza do seu coração.

Está escrito assim: "Reconhece-o em todos os teus caminhos, e ele endireitará as tuas veredas" (Pv 3:6). Isso significa que, se colocarmos Deus em nossa vida, inclusive na beleza, Ele vai nos guiar por caminhos corretos. Normalmente, queremos lidar com tudo o que acontece sozinha, achando que somos suficientes para resolver tudo. No entanto, não somos. Podemos perder o controle.

Em tudo o que passar e viver, reconheça Deus, e Ele vai conduzi-la a agir da maneira correta, ajudando-a a usar todas as ferramentas descritas aqui.

FONTE: Cambria
IMPRESSÃO: RR Donnelley